스토리텔링으로 치유하기

이론과 실제

스토리텔링으로 치유하기
이론과 실제

© 임춘택, 2020

1판 1쇄 인쇄__2020년 2월 18일
1판 1쇄 발행__2020년 2월 28일
지은이__임춘택
펴낸이__홍정표
펴낸곳__글모아출판
등록__제324-2005-42호
이메일__edit@gcbook.co.kr
공급처__(주)글로벌콘텐츠출판그룹
　　　대표__홍정표 이사__김미미 편집__김봄 이예진 권군오 홍명지
　　　기획·마케팅__노경민 이종훈

주소__서울특별시 강동구 풍성로 87-6(성내동)
전화__02) 488-3280　팩스__02) 488-3281
홈페이지__http://www.gcbook.co.kr

값 13,800원
ISBN 978-89-94626-82-6　03190

스토리텔링으로
치유하기 이론과 실제

임춘택 지음

글모아출판

서문

이야기는 사람을 변화시키는 힘이 있습니다. 그래서 우리는 누구의 어떤 이야기를 따라 살 것이고 그것을 어느 정도 수용할지 아니면 거부하고 버릴지를 결정하며 삽니다. 결국에는 누구의 말을 듣고 살았는가가 한 인생의 삶과 죽음을 평가하는 잣대가 됩니다.

우리는 어떤 이야기를 듣거나 말을 해야 합니까? 그 답은 흰 종이 위에 검은 점처럼 분명합니다. '좋은 이야기'를 듣고 이를 따라 살아야 합니다. 필자가 생각하는 '좋은 이야기'란 우선, 상식에 맞는 이야기, 시기와 상황에 맞는 이야기, 어떤 문제를 해결하기 위해 함께 힘을 합친 이야기, 나와 타인에게 예의와 존중을 담은 이야기, 누군가의 미래에 희망과 용기를 주는 이야기, 이타심에서 나오는 사랑과 용서의 이야기 등이라 말하고 싶습니다.

이제부터 여러분이 생각하는 '좋은 이야기'도 적어봅시다. 이 책은 문학, 은유, 이야기, 스토리텔링과 치유를 연결한 학술적인 내용과 함께 학습자가 이를 기반으로 스토리텔링이라는 학습 활동을 할 수 있도록 각 장마다 질문과 지면을 제공하고 있습니다. 그럼으로 일반적인 책 소개 글과 달리 서문부터 여러분이 생각하는 '좋은 이야기'를 곰곰이 생각해서 적어보고자 합니다. 이 책의 학습 활동을 이제부터 시작합시다.

필자는 이 책을 총 4장으로 구성해 보았습니다. 문학텍스트와 창작의 치유적 기능, 은유가 담고 있는 놀라운 치유적 기능과 역할, 치유 목적으로 생산한 스토리와 이를 활용한 치유 모임 사례, 슬픈 감정을 고백하고 스토리텔링하여 얻게 되는 치유 효과, 독일의 대중소설에 나타난 작중 인물들 간의 이야기와 그 치유적 현상 등을 주요 내용이라고 말할 수 있습니다.

1장은 어린 시절 자녀와 아버지의 갈등과 이를 모임에서 함께 스토리텔링으로 치유하는 과정을 담았고, 2장 또한 어린 시절 자녀가 어머니로부터 받은 상처와 그 치유하는 과정을 제시합니다. 3장은 억울한 누명을 쓰고 절해고도 제주로 유배를 당한 추사 김정희의 제주유배시기의 삶과 이를 글쓰기로 극복하는 치유 사례와 현재로의 활용 방안을, 4장은 독일의 대중 소설인 세바스찬 피첼의 『테라피』에서 작중 두 인물 간의 이야기 창작 과정이 딸을 찾는 여정이자 주인공을 치유하는 행위임을 제시합니다.

이 책은 필자가 발표한 논문을 수정, 첨가하여 학습자 활동 중심으로 이루어졌습니다. 이 논문들은 문학, 은유, 이야기, 스토리텔링 등을 치유 관점에서 연구한 논문들입니다. 이번에 이 논문들을 책 양식에 맞추어 엮어 출판하게 된 계기는, 2020학년도 1학기부터 제주대학교에서 교양강의로 개설된 '이야기로 치유하기' 수업의 교재로 사용하기 위해서입니다.

이야기로 치유하기 강좌의 목표는 치유 당사자의 삶을 회복하는 것입니다. 필자는 이 책과 수업을 통해 독자에게 크고 작은 회복이 일어나길 소원합니다. 그래서 마음의 병이 점점 나아지는 삶, 희망을 품고 전진하는 삶, 깨어진 관계가 회복되는 삶이 되면 좋겠습니다. 이러한 의미에서 필자가 독자에게 바라는 당부의 말씀이 하나 더 있습니다. 이 책의 내용과 이를 활용한 치유 과정이 오히려 독자의 가족, 지인, 사회를 원망하고 정죄하는 방향으로 흐르지 않도록 경계할 것을 주문합니다.

이 책과 이를 활용한 치유 과정을 통해서 독자의 삶에 회복과 희망의 새싹이 자라나서 아름다운 꽃과 결실을 맺기를 소원합니다. 끝으로 이 책을 낼 수 있도록 수 년 전에 함께 모임 참여자로 만났던 분께 감사드립니다. 어려운 출판 상황에도 졸고를 낼 수 있도록 도움을 주신 글로벌콘텐츠출판그룹에 감사드립니다.

목차

제1장

아빠는 나의 괴로움

어린 시절에 엄하고 폭력적인 아버지로부터 받은 상처

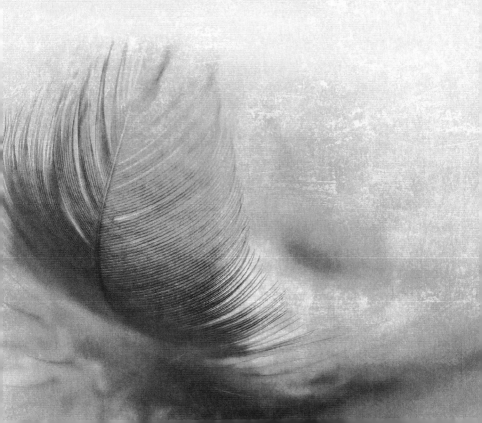

1. 들어가는 말

1.1 은유적 이야기 치유의 필요성

'사람의 마음을 치유한다.', '정신이 치유되었다.'는 말에는 무수히 다양하고 복합적인 함의가 있다. 유사한 삶은 있어도 똑같은 삶이란 존재하지 않듯이 동일한 마음이란 존재하지 않기 때문에 마음의 문제 해결에도 특정 이론과 방법만을 사용하지 않는다. 이와 관련하여 미국의 심리학자 폴 C. 비츠Paul C. Vitz는 '심리치유란 무엇인가?'에 대한 난해하고도, 근본적이고, 상대적인 문제에 대한 논의 과정에서 현대 심리학과 심리치유에 문제를 제기하였다. 그는 현대 심리학과 심리치유 분야의 연구와 교육이 일상 삶의 다양성을 배제한 채 '전문가 집단'을 중심으로 그들만이 만들어낸 '과학적', '의학적' 접근만을 지나치게 옹호하는 심각한 불균형에 빠져있다고 보았다.1)

---

1) 폴 C. 비츠(Paul C. Vitz) 저, 장혜영 옮김, 『신이 된 심리학 Psychology as Religion』, 서울, 새물결플러스, 2010, pp. 82-84. 비츠는 뉴욕대학교 심리학과에서 30년 넘게 교수로 재직했고 현재 이 학과의 명예교수이다. "그는 점점 더 많은 심리치료사들이 심리치료를 이상적인 형태로조차 과학과 의학의 형태로 보지 않으려 한다는 사실을 강조하였다. 비츠는 여러 학자와 심리치료사의 말을 인용하여 심리치료는 설득의 과정이자 치료사에 대한 환자의 믿음뿐만 아니라 어느 이론이든 환자의 상황을 고려하여 능수능란하게 심리이론들을 적용할 수 있는 치료사의 풍부한 경험 그리고 따뜻하고 호의적인 지지가 환자의 고통을 경감시킨다고 주장하였다." 단, 물론 그도 공포증이나 공황발작 등과 같은 치유에 있어서는 이 같은 '대화 방식'보다는 인지행동 치유가 더 효과적이라고 언급하였다.

정신과 전문의이자 미국뿐만 아니라 세계적인 베스트셀러 작가인 모건 스캇 펙Morgan Scott Peck도 현대의 정신과 진료는 과도하게 약물에 의존하는 방식을 지양해야 하고 치유에 있어서의 핵심은 내담자에 대한 지지와 사랑 그리고 훈육과 훈계를 통한 인격 성장과 영적 성장에 있음을 누차 강조하였다.2) 상담심리학과 정신건강의학 치유의 대가들의 말을 인용하지 않더라도 사람의 마음치유는 병원과 상담실 같은 어떤 특정 장소와 여건을 통해서 이루어지는 것을 훨씬 넘어서서 '삶 전체'라는 차원에서 매우 다양한 상황과 방법으로 이루어져야 함을 우리는 상기해야 한다.

이러한 관점에서 볼 때 이 글과 같은 '은유적 이야기metaphoric story'를 중심으로 한 교육과 치유 모임은 개인 상황에 따라 병원이나 상담실 치유와 병행할 수 있는 방법으로 활용될 수 있으며, 문학을 즐기고 문학행위(독서, 사고, 창작 등)를 통한 마음의 문제를 해결하기를 원하는 이들에게 유익한 방법이 될 수 있다. 나아가 병원이나 상담실에 왕래하는 문화가 일반적이지 않고 공개되는 것을 꺼리는 우리나라 사회문화 상황에서 이러한 교육과 치유를 병행하는 방법은 사람들에게 마음 치유로의 접근을 용이하게 할 수 있다. 즉, 내담자 스스로

---

2) 모건 스캇 펙(Morgan Scott Peck) 지음, 윤종석 옮김, 『거짓의 사람들 People of The Lie』, 서울, 비전과 리더십, 2003.
모건 스캇 펙(Morgan Scott Peck) 지음, 최미양 옮김, 『아직도 가야 할 길 The Road Less Traveled』, 서울, 율리시즈, 2011.

본인의 문제해결을 기피하려는 기제 그리고 선진 서구보다는 상담문화의 확산과 성숙이 필요한 한국의 상황이라는 점에서 내담자의 문제해결을 저해하는 이러한 '저항resistance' 문제에 스토리텔링 치유는 하나의 기술적 대안이 될 수 있다.[3]

은유를 글로 다루어 치유하는 스토리텔링 치유 외에도 다양한 예술 치유 행위가 한국 사회에서 점점 확대 활성화됨으로써 정신건강의학과 상담심리학 치유에 대한 소극적이거나 그릇된 인식과 태도문화[4] 개선에 긍정적 영향을 줄 것이다. 이처럼 문학이라는 언어예술에 대한 교육과 이를 통한 치유 모임은 마음 문제의 치유가 필요하지만 그 필요성을 느끼지 못하는 이들에게[5] 치유로의 길을 무리 없이 열어주는 기회를 제공해줄 수 있다.

은유적 이야기가 이러한 일련의 현상적인 차원에서의 장점들을 가능하게 하는 이유는 은유와 이야기 안에는 본질적으로 그 기능적 작용요소를 내재하고 있기 때문이다. 상상력과 문학 관점에서 인간의 삶은 사실적 현실과 예술적 언어 간의 상호영향을 이룬다. 은유적 이야기 치유 또한 동일하게 내담자를 대상으로 한 시적 세계와 사실

---

3) Kopp, Richard: Metaphor Therapy — Using Client Generated Metaphors in Psychotherapy, New York, Routledge, 1995, p. ix.

4) 마음의 병은 최대한 감추고 덮어두려는 인식, 치유 사실이 당사자와 가정 외에는 그 밖으로 노출되지 않도록 노력하는 태도 등.

5) 사실 대다수의 사람들이 크고 작은 마음의 문제를 안고 있으므로 이에 속한다.

적 현실 간의 상호작용(영향, 보완, 변형, 대체 등) 과정을 거쳐 이루어진다. 현실과 은유로 형상화한 문학 세계가 인간 삶과의 불가분 관계, 상호침투 관계에 있는 것처럼 은유적 이야기를 중심으로 한 스토리텔링이라는 문학행위 또한 치유적 기능은 물론이고 문학의 주요 기능인 교육적, 심미적 효과까지도 얻게 하는 방법이자 장점을 갖는다.6) 그래서 인간 마음의 문제는 문학행위의 일환인 은유적 이야기 교육과 치유라는 인문, 예술 행위 영역 안에서 치유라는 거부감이 우회, 경감된 상태에서 삶에 대한 통합적이고 다각적인 시각을 통해 진지하면서도 흥미 있게 다루어져서 해소, 해결되어야 한다.

1.2 모임의 참여자가 지닌 심적 문제의 심각성과 해결의 중요성

부모의 양육태도가 자녀에게 미치는 영향이 막대하다는 사실은 주지하는 바이다. 물론 변수도 성장과정과 성장 이후에 충분히 작용한다는 점에서 막대한 영향이라는 말이 안 맞는 사례가 많겠지만 일차적으로 자녀와 부모 간의 관계와 양육방식이 어떠했는지가 자녀 삶 전반에 지배적인 영향을 미친다는 점에서 이는 개개인 누구에게나

---

6) Weißenborn, Theodor: Außenseiter—eine Kategorie der Verdrängung Zur sozialen Aufgabe einer Literatur, die sich als gesellschaftliche Einrichtung versucht, in: Petzolt, Hilarion G.·Orth, Ilse(Hgg.): Poesie und Therapie—Über die Heilkraft der Sprache, Bielefeld, Sirius, 2009, S. 159-163.

중요한 사안이 된다.[7] 「2) 모임의 참여자가 지닌 심적 문제의 심각성과 해결의 중요성」에서는 아버지의 양육태도가 자녀에게 미치는 영향과 아버지의 폭력으로 인해 발생하는 문제의 심각성을 이와 관련한 문학 세계와 현실 세계의 사례를 통해 확인하고 이 문제의 해결 중요성을 강조하고자 한다.

1.2.1 문학 세계

인간 삶과 깊은 관련을 맺는 문학에서도 아버지의 폭력으로 인한 아버지와 자식 간의 일그러진 관계 상황을 확인할 수 있다. 그 중에서도 이 글에서 소개하는 모임의 참여자가 경험한 친부로부터의 폭력과 시달림 상황과 연결 지을 수 있는 대표적인 문학텍스트로 '프란츠 카프카Franz Kafka'의 『변신Die Verwandling』을 들 수 있다. 카프카의 『변신』은 주인공 '잠자Samsa' 씨가 어느 날 일어나보니 어떤 이유에서 인지 해충으로 변해버렸다는 기괴한 비현실적인 현실로부터 이야기를 시작한다.

벌레로 변한 주인공 잠자 씨에게 그의 아버지는 지극히 현실적이고 매정한 대처방법으로, 벌레로 변한 아들에게 폭력을 행사하여 죽음에

---

7) 우르술라 누버(Ursula Nuber) 지음, 김하락 옮김, 『심리학이 어린 시절을 말한다. Lass die Kindheit hinter dir—Das Leben endlich selbst gestalten』, 서울, RHK, 2010.

이르게 함으로써 무자비한 아버지 상을 대변하는 인물이 된다. 가계에 비중 있는 경제적인 도움을 줄 수 있었던 강자로서의 아들이 어느 날 아무짝에 쓸모없는 해충으로 변해 경제 활동을 못하게 되고 역으로 도움을 받아야 하는 약자로서의 아들이 되었을 때 그의 아버지는 폭력과 방치로 아들을 죽음에 이르게 한다.[8]

『변신』은 현실에 비해 극단적인 사건 전개라 할 수 있겠으나 종종 이와 유사하거나 더한 일들이 현실세계에서 일어나고 있다는 사실, 카프카의 『변신』이 비현실에서 현실의 경계를 종종 침범하여 우리주변 가까이에서 사건을 일으킨다는 점이 심각한 문제가 아닐 수 없다.[9] 우리는 『변신』 텍스트를 통해 아버지의 무자비한 폭력성이 이 텍스트의 침울한 인물과 배경 묘사 그리고 그로테스크한 사건 배경이 더해져 그의 아들 잠자 씨에게 어떤 치명적인 결과에 이르게 하는지를 불편한 심적 상태에서 확인할 수 있다.

---

8) Kafka, Franz: Die Verwandlung, Stuttgart, Reclam(c 1912), 1995.

9) 본 연구의 모임에서 연구 참여자의 진술들 가운데는 이처럼 문학과 현실 간의 실재성의 경계 구분을 무색하게 만드는 것들이 있었다. 그래서 그러한 사건들은 수위의 정도는 『변신』보다 조금 약하더라도 모임 참여자 모두에게 '과연 연구 참여자 아버지의 자녀 양육태도와 폭력 그리고 이로 인한 난처하고 복잡한 문제들의 발생이 실재란 말인가?'라는 반문을 하게 만들었다.

1.2.2 현실 세계

아버지의 양육태도 및 폭력성 문제와 해결방법에 관한 실제 현실세계의 사례는 여러 연구를 통해서 확인할 수 있다. 아버지의 양육태도가 자녀양육에 미치는 영향과 결과에 관한 논문에서 이 둘의 상관관계는 존재하며 가정폭력의 최대 피해자는 이를 능동적이고 방어적으로 대처하는 방법을 제대로 갖추지 못한 그 가정의 어린이와 청소년 자녀들이라는 사실 등을 확인할 수 있다. 아버지의 양육태도와 자녀의 자아 존중감에는 상관관계가 존재하며[10], 아버지의 애정적·자율적 태도가 아동이 또래와 상호 협동적 관계 및 리더십 발휘에 영향을 줄 수 있으며[11], 아버지의 높은 긍정적인 양육태도와 자아분화 정도가 장애아동의 높은 사회성숙도를 나타내며[12], 과거에 경험한 부모의 양육태도와 자아정체감이 성인의 정서지능에 영향을 미친다는 연구[13] 등에서 아버지와 자녀 간의 관계형성이 어떠했는지가 자녀의 정서발달, 대인관계형성, 사회적 역할 수행에 매우 중요한 원인이

10) 김현준, 「아버지의 양육태도가 아동의 자아존중감에 미치는 영향」, 석사학위논문, 부산교육대학교, 초등상담교육전공, 2013.
11) 김선혜, 「아버지의 양육태도 및 놀이성과 아동의 리더십과의 관계」, 석사학위논문, 순천향대학교 심리치료학과 놀이치료전공, 2013.
12) 김상우, 「아버지의 긍정적 양육태도와 자아분화 정도가 장애아동의 사회성숙도에 미치는 영향」, 석사학위논문, 단국대학교 교육학과 상담심리전공, 2012.
13) 김현지, 「과거에 경험한 부모의 양육태도와 자아정체감이 성인의 정서지능에 미치는 영향」, 석사학위논문, 경희대학교 간호학과 정신전문전공, 2012.

될 수 있음을 확인할 수 있다.

폭력문제에 있어서도 아버지에 의한 가정폭력은 자녀들에게 우울증, 죄책감, 원망, 분노 등과 같은 심적 피해 증상의 원인이 된다. 아버지에 의한 가정폭력을 목격하거나 겪은 자녀들은 분노, 무력감, 죄책감 그리고 아버지를 처벌하고자 하는 마음이 쌓이며 또래 아이들에게 그대로 자신이 겪은 감정을 표출하는 문제를 일으킨다.14) 또한 어머니에 대한 아버지의 가정폭력을 목격한 경험이 있는 남자 자녀의 경우 데이트 폭력을 가해할 가능성이 크고, 여자 자녀의 경우 폭력의 피해를 입을 가능성이 크다는 사실은 아버지의 폭력이 제2의 피해자를 낳게 하는 문제의 시작점이 될 수 있다는 것을 의미하여 아버지의 가정폭력이 자녀에게 상당한 악영향을 미친다는 것을 보여준다.15)

1.2.3 문제 해결의 중요성

아버지가 자녀에게 폭력과 같은 그릇된 행동을 범하는 사건들을 우리는 주변에서 종종 접한다. 그러나 아버지의 폭력으로 인한 상처 해결은 당사자들 차원에서 해결하기 쉽지 않은 문제라는 사실에서

---

14) 원희랑·서보남, 「가정폭력쉼터 아동의 문제행동 개선을 위한 미술치료 사례연구」, 한국미술치료학회, 『미술치료연구』 제17권 4호, 2010, pp. 879-899.

15) 서경현 외, 「아버지의 양육태도와 가정폭력이 대학생의 연인관계와 데이트 폭력에 미치는 영향」, 한국심리학회, 『한국심리학회지: 건강』 12권 1호, 2007, pp. 153-170.

우리사회와 그 이웃들이 이에 대한 관심을 갖고 문제해결을 위한 효과적인 지원과 방법을 제공해야 한다. 필자는 이러한 바람을 이루기 위한 작은 실천 차원에서 은유적 이야기 교육과 치유라는 형태로 모임을 진행하였다. 필자 또한 우리 사회 구성원들과 함께 살아가면서 도움을 받고 도움을 주는 사회 일원이기에 내가 속한 환경에서 교육과 연구라는 직업적 역량을 도구로 삼아 이 문제에 접근하였다. 결과적으로 필자는 이 글에서 아버지의 양육태도 문제에 대한 해결방법을 은유적 이야기 교육과 치유를 활용한 모임 사례로 제시한다. 아버지와 자녀 간의 관계 형성이 자녀성장에 지대한 영향을 미치며 성장기뿐 아니라 성인이 되어서도 지속적인 영향을 준다는 점을 고려한다면 이 문제에 대한 해결의 중요성은 계속적으로 강조되어야 한다.

1.3 '아빠는 나의 괴로움'의 기술 방식

이 글의 기술 방식 크게 두 가지다. 글의 주제와 관련한 문헌 자료를 검토한 학술적 글쓰기와 모임 사례를 기술한 서사적 글쓰기다. 전자인 은유, 은유적 이야기, 치유 관련 이론적 배경 부분은 학술적 문헌 자료를 비판적으로 검토 수용하여 기술하였다. 아버지의 양육태도 부분 또한 관련 문학텍스트와 이전 연구 문헌을 고찰하여 아버지의 자녀 양육의 중요성과 폭력문제 등을 기술하였다. 모임 사례와 관련한 3장과 4장은 서사적 글쓰기(이야기식 진술, 보고식 진술, 문학적 글쓰기)로 기술하였다.

　모임 참여자들은 1회 모임을 3시간 정도의 비교적 긴 시간에 걸쳐 진행하였다. 은유적 이야기 개발 방법에 관한 학습과 창작 작업 그리고 이를 활용한 치유뿐 아니라 부모 양육 태도라는 주제에 관한 각자의 경험 이야기를 나누는 과정이 긴 시간 동안 진행되었다. 그만큼 주제에 관한 이야기가 구성원들 간에 많이 오고 갔고 서로를 깊이 이해할 수 있는 시간이 있었다. 이 글에서 모임 참여자들이 모임에서 진술한 대화를 필자가 수집, 분석, 해석하여 서사적 기술 방법으로 「3장 은유적 이야기 교육과 치유 모임」을 작성하였다.16)

　모임이 치유 목적으로 고안하는 이야기 창작중심의 문학 교육과 치유로 구성 진행되는 것을 고려하여 글의 일부분 또한 문학적 표현으로 기술하였다. 그 이유는 학술적 글쓰기에서도 사실적이고 설명식의 글쓰기 기술(記述)보다는 문학적 표현을 활용한 기술이 글의 심미적 효과를 높일 수 있고 연구주제에 대한 집중을 도와 논문 독자에게 내용의 전달력을 효과적으로 높일 수 있기 때문이다. 따라서 모임에서 참여자들이 치유 목적으로 개발한 은유적 이야기 외에 참여자 소개의 일부분과 결론의 일부를 필자와 동료 참여자가 창작한 시적 텍스트로 표현하였다.17)

---

16) Clandinn, D. Jean-Connelly, F. Michael: Narrative Inquiry—Experience and Story in Qualitative Research, Jossey-Bass, 2004.

17) Sullivan, M. A.: Voices Inside Schools—Notes from a Marine Biologist's

2. 치유 목적의 은유적 이야기

2.1 은유적 이야기 생산과 활용

은유적 이야기를 포함한 은유 치유는 은유 생산과 그 활용 주체에 따라서 내담자가 생산한 은유 활용, 치유자가 생산한 은유 활용, 이 둘의 공동 생산과 활용으로 크게 나눠볼 수 있다.

첫째, 내담자가 만든 은유(client generated metaphor)를 치유에 활용하는 방법이다. 이 방법은 심리학 분야의 상담 심리 치유에서보다는 내담자의 표현활동을 중심으로 진행하는 예술치유(은유 치유를 포함하여) 분야에서 많이 활용되어 왔다. 이 방법은 내담자가 의식적·무의식적 자신의 심정과 문제 상황을 은유로 표현할 때 이를 치유자가 치유에 활용하는 방식이다.18)

Daughter: On the Art and Science of Attention, Harvard Educational Review 70-2, 2000, pp. 211-227. / 김영천·이희용, 「질적연구에서의 글쓰기 -문학적 표현양식들의 이해」, 경북대학교 중등교육연구소, 『중등교육연구』 제 56집 3호, 2008, pp. 187-222.

18) Dielman, C.·Stevens, K.·Lopez, F.: The Strategic Use of Symptoms as Metaphors in Family Therapy: Some Case Illustration, Journal of Strategic & Systemic Therapies 3, 1984, pp. 29-34.
Kopp, Richard: An Empty Sadness-Exploring and Transforming Client Generated Metaphors, Ibid., 2007, pp. 30-43.
Legowski, Terasa·Brownlee, Keith: Working with Metaphor in Narrative Therapy, Journal of Family Psychotherapy 12-1, 2001, pp. 19-28.

"이 직장이 종착역인줄 알았어요.", "나는 슬픔의 구렁텅이에 빠져
있어요." 등과 같이 내담자가 말한 자신의 처지와 심정에 관한 은유적
표현을 치유자가 내담자 치유 상황에 맞춰서 변형, 대체, 의미부여
등을 시도하여 내담자에게 억압된 감정표출, 희망적인 결말로의 유도
등을 단계적으로 이끌어 내는 방법이다.

둘째, 치유자가 내담자의 특성과 그의 문제를 고려하여 치유 목적
의 은유와 치유 절차를 고안하는 방법이다.[19] 이 방법은 치유자의
은유 치유 경험이 풍부하여 내담자의 문제 해결을 위한 은유 생산과
적용을 능숙하게 할 수 있거나, 치유 과정으로의 내담자의 능동적인
참여를 기대하기 힘든 경우에 효과적으로 사용할 수 있다.

따라서 치유에서 가장 중요한 것은 내담자를 위해 생산한 치유자의
짧은 은유적 표현 또는 은유적 이야기가 어떠한지와 이를 중심으로 치유
자의 치유 방식이 내담자에 맞춰서 적절하게 실행되는가에 있다. 이때
치유자가 고안한 은유적 표현이나 은유적 이야기[20]뿐만 아니라 타 치유
자가 이미 생산한 이야기 또는 기성 작가의 작품들이 활용될 수 있다.[21]

---

19) Carmichael, Karla D.: Metaphorical Intervention in Alcohol Dependency,
    Alcoholism Treatment Quarterly 18-4, 2000, pp. 111-118. / Yapko,
    Michael D.: The case of carol - Empowering decision-making through
    metaphor and hypnosis, in: Burns, George W.(Ed), Ibid., 2007, pp. 67-78.

20) Smit, Gregory: Trekking to Happiness-No Sherpa Required - A Utilization
    Approach to Transcending an Abusive Relationship, in: Burns, George
    W.(Ed), Ibid., 2007, pp. 89-99.

21) Wilkinson, L V.·Buboltz, W.: Anecdotes, Metaphors, and Stories - A

셋째, 내담자와 치유자가 함께 공동으로 은유를 개발하고 이야기를 구성하여 협력적으로 치유 과정을 만들어가는 방법이 있다.[22] 이 방법으로 치유자는 혼자서 내담자의 문제 해결을 위한 은유적 표현과 은유적 이야기를 생산하고 치유 과정을 주도적으로 이끌어야만 하는 부담감을 덜 수 있다. 치유는 문제 해결에 대한 내담자의 태도와 의지가 어떠한지가 치유 효과의 결과에 매우 중요하게 작용하기 때문에 위의 두 가지 방법보다는 이 둘의 장점을 살린 협력적 은유 치유 방법이 이상적으로 바람직하다고 말할 수 있다.

이외에도 특정 내담자 집단에 익숙한 은유를 사전에 설정하고 치유 목적으로 개발한 치유 사례가 있다. 이 연구는 축구 종주국 영국에서 축구가 일상의 삶과 자라온 배경에서 자연스럽게 몸에 밴 영국 남성들을 대상으로 한 치유 사례에 관한 것이다. 대부분의 각종 심리, 예술 치유가 개인을 대상으로 이루어지거나 집단 치유의 경우 특정 문제를 중심으로 이루어진다는 점을 고려할 때 이 연구는 특수하면서도 흥미 있는 사례에 속한다. 이 치유 방법은 치유자가 만든 은유를

Clinical Technique for Group Therapy. Journal of Clinical Activities, Assignments and Handouts in Psychotherapy practice Vol. 1-2, 2001, pp. 43-57.

22) McNeilly, Robert: Night, Night, Sleep Tight, Don't Let the Sharks Bite: "What's Missing?" in Metaphors, in: Burns, George W.(Ed), Ibid., 2007, pp. 190-198. / Erickson-Klein, Roxanna: The Metaphor That Sang Its Own Sad Song: Therapeutic Storytelling in Pediatric Hospice Care, in: Burns, George W.(Ed), Ibid., 2007, pp. 199-209.

활용하는 두 번째 치유 방식에 해당하면서 치유자가 치유 프로그램 실행 이전에 특정 내담자 집단을 목표로 하여 이들을 위한 '은유군'을 개발하는 특수성이 있다.[23)

이 글은 은유 생산과 치유에 있어서 앞의 세 가지 유형을 다소 변형한 상호 협동 방식을 취한다. 치유 목적의 은유적 이야기 생산을 위해 필자, 해당 참여자, 동료 참여자, 세 주체에 의한 협동 작업이 진행되었다. 모임을 '은유적 이야기 교육과 치유'로 설정하여 필자뿐만 아니라 동료 참여자들도 은유적 이야기를 생산하는 이유는 모임 목적이 해당 참여자에 대한 치유만이 아니라 참여자들 모두 은유적 이야기를 본인과 타인에게 실행할 수 있기 위한 교육도 목표로 삼았기 때문이다.

한편으로 이 과정은 본 모임 이후에 진행할 자녀 대상 은유적 이야기 치유에 참여자들이 본인 자녀를 위한 은유적 이야기 생산과 치유 실행자가 되기 위한 사전 교육의 장이기도 하다.[24) 무엇보다도 참여자들이 은유적 이야기 생산과 실행의 주체가 되어 보는 것은 고기를 잡아 주는 것을 넘어 고기 잡는 법을 가르치는 유용한 방법이다. 그럼

---

23) Spandler, Helen·Roy, Alastair·Mckeown, Mick: Using Football Metaphor to Engage Men in Therapeutic Support, Journal of Social Work Practice - Psychotherapeutic Approaches in Health, Welfare and the Community 28-2, 2013, pp. 229-245.

24) 조지 W. 번즈(George W. Burns) 지음, 김춘경 옮김, 『마음을 치유하는 101가지 이야기 101 Healing Stories for Kids and Teens - Using Metaphors in Therapy』, 서울, 학지사, 2009, pp. 494-496.

으로 이러한 모임 형태는 연구 참여자들이 모임 이후에도 계속적으로 맞닥뜨릴 문제들에 대해서 능동적으로 해결 전략을 세우고, 심상적인 사고 능력을 활성화하고, 새로운 해결책을 찾아 합리적으로 판단하고 결정하는 방법을 지원하는 모델이 될 수 있다.

2.2 은유적 이야기 치유 방법

문학어나 일상어 표현에서 원관념과 보조관념으로 표현하는 '은유 metaphor'는 형태적으로나 각각의 의미로나 상호 이질적인 성질에 놓여 있어서 이 둘은 상호 관련성이 없는 것처럼 보이지만 사실은 의미적으로 보면 둘은 매우 흡사하거나 동일성으로 맺어져 있다.[25] 그래서 독자 또는 청자는 은유와 은유적 이야기에 작가와 화자가 장치한 은유 속의 숨은 의미를 찾아가는 의식화 작업을 진행한다. 이러한 은유적 표현에 대한 의미 구현 작업은 해당 텍스트의 상황 묘사나 사건 전개로 이루어진 이야기의 맥락에서 그 의미를 확인하여 두 개체 간의 동일성을 더욱 분명하게 드러내는 것이다. 더욱이 특정 독자와 청자를 대상으로 창작한 치유 목적의 은유적 이야기는 마치 긴 미끄럼틀을 타고 정해진 과정과 특정 목적지에 다다르는 것과 유사한 경험을 선사한다. 독자와 청자는 본인 문제를 목표로 고안한

---

25) 권영민, 『문학의 이해』, 서울, 민음사, 2009, p. 112.

은유라는 치유 목적의 보완재를 통해 이전에 경험하지 못했던 새로운 치유의 길을 접한다. 즉, 은유적 이야기(치유)에서 독자 또는 청자는 원관념에 보조관념을 정확하게 끼워 맞추거나, 자유로운 연상 과정에서 본인과 유사한 것 같지만 내러티브 양식 속 가상의 인물, 사건, 상황과 마주치는 과정을 경험을 통해 본인 문제의 새로운 국면을 접하게 된다.

이와 관련하여 '폴 리쾨르 Paul Ricoeur'도 이야기 정체성 개념을 통해 이야기의 가변성과 역동성을 언급함으로써 과거의 이야기, 상처 난 이야기의 변화 가능성에 관한 근거를 마련하였다. "리쾨르는 이야기 정체성이 확고부동하고 완벽한 정체성이 아님을 지적하면서, 동일한 사건에 대항하여 여러 가지 줄거리를 만드는 것은 가능한 일이고, 나아가 한 삶에 대해 상반되는 줄거리를 짜는 것도 언제나 가능하고, 나아가 한 삶에 대하여 여러 가지 줄거리를 만드는 것도 가능한 일"이라고 언급하였다.[26]

또한 은유적 이야기 치유는 결말 중심, 해결 중심 치유라는 특징을 지녔다는 점에서 사람의 속성이나 내면을 문제로 삼고 다루기보다는 문제의 이야기 외에 "보다 많은 선택을 허용하는 이야기의 생성과 과거에 묻힌 많은 가능성을 지닌 이야기로의 연결을 통해 사람들에게 대안적 이야기"를 선사하는 것에 집중한다.[27] 그럼으로 은유적 이야

---

26) 김선하, 『리쾨르의 주체와 이야기』, 경기, 한국학술정보, 2007, p. 262.

기 치유의 목표는 내담자에게 있었던 문제의 길이자 거짓의 길 그리고 원래 없던 길 그래서 잘못 들어선 길에서 벗어나, 진정한 길, 회복의 길, 원래 가야 할 길 그래서 희망의 길로 접어드는 경험을 하도록 지원하는 것에 있다.

내담자가 경험했고 지니고 있는 문제의 이야기는 내담자의 삶뿐만 아니라 가족과 이웃에게도 역기능으로 작용한다. 그러므로 본인과 이웃을 위해서 이를 해결하기 위한 치유 과정이 필요하다. 삶의 아픈 경험을 모임에서 함께 이해하고 공감하는 과정을 통하여 정체된 문제의 이야기가 새로운 이야기, 희망적 이야기, 발전적 이야기 대체됨으로써 내담자는 문제의 이야기에서 벗어나고 건강한 이야기를 삶으로 써나갈 수 있다.

치유 목적의 은유적 이야기 개발의 중요성과 함께 이야기를 들려주고 듣는 행위 그리고 그 대화 상황이 어떠한지에 관한 문제는 치유 효과와 치유 성패까지도 좌우하는 중요한 사항이다. 성공적인 치유를 위한 전제 조건은 치유 모임에서 내담자 자신이 이해받고 수용되며 정서적인 안정과 믿음을 얻고 있다는 것을 확인할 때 가능하다. 은유적 이야기 치유 과정에서는 모임 참여자들 간에 동일한 주제의 문제로 형성된 동질감을 바탕으로 이루어진 '라포르rapport'를 유지해야 하며 치유자(이야기의 화자)와 내담자(이야기의 청자) 간에 은유적 이야기

---

27) 고미영, 『이야기 치료와 이야기의 세계』, 서울, 청목출판사, 2004, p. 115.

를 중심으로 이루어지는 대화 상황이 수월하게 진행되어야 한다.

이와 관련하여 문학 연구를 중심으로 한 서사 담화 차원의 이야기 치유에서 '디스코스discours' 개념과 원리는 실제 이야기 치유를 성공적으로 진행하기 위한 이론적 근거를 이룬다. 치유자와 내담자 간의 대화 상황에서 발생하는 언어, 말투, 정조, 시간, 공간, 심리적 거리, 관점, 입장과 같은 요소들은 치유 목적으로 내담자를 위해 고안한 은유적 이야기의 치유 실행 상황에 맞춰 유동적이고 기민하게 적용되어야 할 요소들이다.[28] 성공적인 치유를 위해서라면 모임의 디스코스 상황과 전체 흐름이 은유적 이야기의 내용 못지않게 치유에 효과적으로 적용, 변형, 작용되어야만 한다.[29]

2.3 모임에서 은유적 이야기 방법 적용

모임 참여자의 정체된 이야기, 문제의 이야기, 즉 참여자의 아버지에게서 어린 시절부터 받았고 결혼하여 직접적이지는 않지만 현재도 '친정 문제'로 남아 있는 문제를 해결하기 위해서 대안적인 이야기 창작과 치유 실행이 참여자의 교육과 치유 목적으로 수차례 진행되었다. 물론 모임 회기에서의 대화는 은유적 이야기로만 이루어진 것도

---

28) 이민용, 「서사 담화와 정신분석학 기반의 내러티브 치료」, 『독일문학』 제125집, 한국독어독문학회, 2013, pp. 170-171.

29) 조지 W. 번즈(George W. Burns) 지음, 같은 책, 2009, pp. 70-82.

이를 만들기 위한 교육시간으로만 이루어지지 않았다.

참여자는 자신의 문제를 사실적인 성격의 발설을 통해서 때로는 매우 구체적이고 적나라하게 자유롭게 표현하였다. 문제를 쌓아 놓지 않고 참여자와 그의 문제를 수용할 만큼의 라포르가 형성된 동료들에서 문제 발설을 통한 해소와 문제에 대한 해결책을 고민하는 과정은 연구 참여자가 자신을 더욱 신뢰하고 더욱 효과적이고 긍정적으로 문제를 바라보고 대처하는 자세를 갖출 수 있는 기회를 제공하였다.

또한 은유적 이야기 치유 상황은 물론이고 모임 전체 시간에서 이루어진 모든 대화(궁극적으로 치유 지향적인 대화)는 앞서 언급한 디스코스 원리와 방법을 필요로 하였고, 모임의 참여자들을 대상으로 한 은유적 이야기 치유 방법과 상담 대화 방식에 대한 학습을 번즈의 『마음을 치유하는 101가지 이야기』(2009)와 『이야기로 치유하기 – 치료적 은유 활용 사례집』(2012) 그리고 이장호, 금명자의 『상담연습 교본(3판)』(2012) 각각에서 관련 해당 부분으로 진행하였다.

3. 은유적 이야기 교육과 치유 모임

3.1 모임 참여자 소개

3.1.1 모임 개괄

이 글에서 제시하는 은유적 이야기 교육과 치유 모임의 구성원은 필자와 참여자 3인으로 이루어졌다. 필자가 치유자이고 참여자가 내담자라기보다는 필자는 전체 모임을 계획, 일정 조정, 모임 인도, 설문 조사, 은유적 이야기 교육과 교육 자료 제공, 치유 방향성 제시, 치유 코칭 등을 맡았고, 이에 맞춰 참여자 3인은 모임을 참석하고 교육을 받고, 치유의 수혜자이면서 동시에 치유 행위의 주체이고 모임 전반과 이야기 창작에 대한 의견 제시를 하였다. 참여자 3인 모두가 본인 부모님의 양육 방식과 태도 문제에 관심을 가졌고 이를 주제로 모임이 진행되었다. 나아가 이 모임 이후에도 참여자 본인의 자녀에 대한 양육태도 개선을 위한 모임을 진행하기로 결정하였다.

3.1.2 모임 참여자들에 대한 소개

필자의 제안과 참여자의 의견을 모아서 참여자의 부모 양육태도와 부모로서의 자신의 양육문제를 모임의 주제로 결정하였다. 참여자 3인 각각의 구체적인 문제는 '아버지로부터의 상처', '어머니로부터의 상처', '칭찬에 인색한 부모로부터 인정받지 못한 상처'로 나뉘어져 부모 양육태도 문제범주 내에서도 상이한 문제근원을 갖고 있음을 확인할 수 있었다. 따라서 필자는 참여자 3인 모두를 다루고 제시하기에는 지면의 한계와 글의 주제 분산 문제라는 어려움 때문에 이 글에서는 아버지로부터의 폭력을 경험한 참여자 1인의 사례에 집중하였다.

3.1.3 이 사례에 해당하는 참여자 소개

참여자는 어린 시절부터 결혼 직전까지도 아버지로부터 '사랑의 매'라는 이유로 또는 이런 저런 이유로 크고 작은 물리적 폭력을 당해왔다. 그럼에도 불구하고 이제는 이를 많이 극복하여 한 가정에서 어머니이자 아내가 되었고 이뿐 아니라 주위의 많은 사람들이 그와 함께하기를 좋아하고 그도 주변 사람들과 '친밀하고 아름다운 관계'를 맺으며 살아가고 있다. 모임 기간 동안에도 그의 가정과 자신에게 크고 작은 문제들이 발생했지만 결과적으로 그는 이런 문제들에 원만한 해결을 이루었고 그 과정 또한 타에 귀감이 될 수 있는 인격적으로 성숙한 모습이었다.

참여자는 대학을 졸업했고 지적 욕구가 강하며 대인 관계에서도 따뜻하고 친절한 태도와 대화를 보여주는 사람이다. 그러나 이렇게 노력하는 모습 속에서도 그는 자녀에게 종종 '헐크'로 변하는 사람이었고, 아내에게 남편은 '평화로움'이지만 남편에게 아내는 언제나 '긴장상태'라는 점에서 풀어야 할 문제를 지니고 있었다. 이외에도 참여자는 이 모임과 관련한 문학, 독서, 은유, 이야기, 치유 등에도 관심이 많았고 특히 본인의 독서와 자녀들의 독서 교육에 매우 관심이 높아서 지역 도서관에 매주 빠짐없이 다닐 정도로 독서열이 강했다. 아래 시는 필자가 치유 과정에서 생긴 그에 대한 특징과 마음을 표현한 글이다.

이 한 그루 나무 위에 앉으면
새들은 푸른 지저귐을 자랑하고

그 어딘가에 닿으면
온갖 생명들은 꿈틀거림을 시작한다.

옛적 그 나무 위의 희생이
태고 적 나무의 저주를 토해내고
세상 모든 생명의 신음을 거두었듯이

이제 그리고 여기에 서 있는 이 한 그루 나무도

희망의 열매를 꿈꾸고 있다.

3.1.4 모임의 교육을 위한 주요 자료 및 활동

『부모가 아이를 화나게 만든다』	목표	부모와 자녀 간에 발생하는 어린이와 청소년 시절의 다양한 문제 상황을 확인하고 필자가 자신의 상황을 점검한다.
	방법	독서, 요약정리, 발표
	시기	모임 사전
『심리학이 어린 시절을 말한다』	목표	필자의 어린 시절을 심도 있게 탐색하여 원인과 문제를 확인하고 해결 방법을 스스로 찾아보는 시도를 한다.
	방법	독서, 발표
	시기	모임 초반부
『마음을 치유하는 101가지 이야기』	목표	치유 목적 은유적 이야기의 기능, 개발 방법, 활용 기법을 학습한다.
	방법	독서, 발표, 정리
	시기	모임 중반부
	비고	책의 제1부에서 제시하는 은유와 이야기의 치유적 기능 및 치유 기술과 관련한 내용을 중심으로 학습함.
『이야기로 치유하기』	목표	은유와 은유적 이야기의 치유적 활용 방법과 사례를 학습한다.
	방법	독서, 연구책임자 강의, 정리
	시기	모임 중반부
	비고	은유 치유에 관한 전문가 수준의 이론적, 기술적 내용 및 치유 사례를 확인하고 학습함.

3.1.5 모임 일정, 장소, 구성

기간은 2014년 4월 초부터 2014년 8월 말까지 예비모임과 본모임을 포함하여 십여 차례의 모임을 가졌다. 모임은 모임의 방해를 덜 받는 조용한 찻집과 필자의 연구실을 번갈아가며 회기를 진행하였다. 오전에 만나서 점심식사까지 모임이 이어졌다. 모임 진행의 전반적인 구성은 모임 주제 관련 대화 시간, 은유적 이야기 창작교육 시간, 은유적 이야기 치유 시간, 설문지 작성과 확인 과정 등으로 이루어졌다.

3.2 모임 사례

3.2.1 모임 초반부 (1-3회기)

참여자는 필자로부터 양육을 주제로 한 은유적 이야기 교육과 치유 모임의 내용, 취지, 효과 등을 소개 듣고는 모임 참여에 적극적 의사를 밝혔다. 양육 문제는 자녀가 있는 사람이라면 누구에게나 중요하고도 어려운 일이라 관심과 걱정의 대상이고 그 방법을 놓고 고민하게 만드는 매우 비중 있는 주제다. 참여자 또한 30대 후반의 현 시점에서 양육 문제를 가능한 이성적인 시각에서 다루고자 하였고 결혼 이전 시절의 상처를 치료하여 발전적인 양육 태도를 갖길 희망했다.

참여자는 모임 이전에도 이 문제를 중심으로 하는 상담을 수차례 받았고 배우자의 지속적인 지지와 도움도 적지 않았으며 가까운 지인과의 대화에서도 종종 이 문제가 주제가 되곤 하였다고 한다.

이번 모임에서도 참여자는 본인의 어린 시절은 물론이고 결혼 직전까지도 아버지의 문제 행동과 태도로 인해 고생한 사건들에 대해 그 강도가 약한 사건들부터 더한 것들로 하나둘 꺼내놓았다. 사전 설문조사 결과, 이 문제는 참여자가 앞으로도 풀어야 할 숙제임을 짐작케 했다. 그녀는 사전 설문 조사와 모임 회기 진술에서 본인의 자녀 양육태도의 문제가 상당 부분, 본인 친부모로부터 기인한다고 생각하였다. 그래서 자녀들에게로의 대물림을 염려하였고 이를 반드시 본인 선에서 끊어야만 한다는 강한 의지를 몇 차례나 언급하였다.

◦ 설문지 항목

"V-1. 나와 함께 살았던(대개 결혼 전) 나의 부모님은 어떤 분이셨는지 자유롭게 적어보시오?(친절, 관대, 넉넉함, 배려, 사랑, 아쉬움, 고통, 상처, 무관심, 분노, 안타까움... 등등)"에서 연구 참여자의 부모님, 이 분들 중에서도 아버지에 대한 기술에서 '심상치 않았던 어린 시절'과 이로 인한 고통의 무게가 상당했음을 짐작할 수 있었다.

나의 부모님은 말이 거칠고, 거칠 것이 없는 분들이셨다. 나는 항상 숫기가 없어서 어렸을 때 별명이 "쑥"이었던 기억이 난다. 그것도 초등학교 입학 전의 별명이... 부모님의 거친 언어나 아버지의 알코올 중독증은 바람 잘날 없는 그런 가정환경의 대표격이다.

모임 초반부는 본격적인 교육과 치유를 행하기 위한 구성원들 간의 친밀감 형성, 신뢰감 형성을 위한 시간이었다. 모임의 사전 독서 자료인 『부모가 아이를 화나게 만든다』와 『심리학이 어린 시절을 말한다』를 독서하고 함께 리뷰하면서 본인과 자녀 간에 일어난 사건과 문제 해결 방법 등을 서로 공유하였다. 구성원들은 평소에 친분이 있는 사이였지만 부모님으로부터의 상처를 얘기한 적은 없었다. 그래서인지 점점 모임과 관련한 과도한 질문, 모임 참여 회피, 과거의 문제 상황을 크게 경감시킨 진술 등의 모습을 종종 보였으며 본인의 어린 시절을 말하기보다는 본인 자녀들에 대한 이야기가 주를 이루었다.

이는 일종의 본격적인 문제에 직면하기 위한 본인과 동료 그리고 필자를 향한 준비 작업이자 자신의 힘겨운 이야기를 꺼내기 위한 마음의 준비 과정이었다. 그래서 모임 초반부는 구성원들이 자신의 문제를 털어놓아도 안전할 것인가를 조심스레 가늠하는 시간도 되었다. 모임 참여자는 어린 시절에 부모님과 있었던 일 중에서 가장 먼저 그리고 빈번하게 떠오르는 장면을 중심으로 하는 이야기를 세 가지 작성하였다. 이 과정은 어린 시절에 겪은 사건과 상황을 확인함으로

써 모임 참여자들이 동료 연구 참여자의 문제를 구체적으로 알아서
해당 참여자에 맞는 은유적 이야기를 개발하기 위한 소재를 찾고
치유 자원으로 활용하기 위한 시간이 되었다.

주로 미취학 시절이었을 것 같은 기억이다. 엄마가 세 아이와 성실하
지 못한 아빠와 사느라고 고생스러우셨던 거 같다. 철이 들면서 엄마
를 이해하였다. 엄마는 우리에게 곧잘 화를 내셨고 우리는 늦게 들어
오시는 아빠를 기다리며 집 밖에서 이리저리 돌아다니며 놀았던
기억이 난다. 아빠의 손에는 항상 핫도그용 빵이나 다른 간식거리들
이 들려 있었다. 우리는 하루 종일 우리와 있으면서 화내는 엄마보다
저녁 늦게 들어오시지만 우리에게 웃어주는 아빠가 그 땐 더 좋았던
기억이 난다.
아빠는 트럭 운전을 하셨다. 한겨울이었다. 같은 회사 친구 분의
요청으로 가스통을 같이 들고 옮기다가 가스통이 터져서 화상을
입으시고 입원을 하셨다.
엄마가 병간호를 하셔야 했기 때문에 서울에서 외할머니께서 내려
오셨다. 외할머니 눈이 침침하기 때문에 엄마는 달력에 아빠 병원이
름, 전화번호, 호실을 커다랗게 적어놓으셨다.
하루는 동네 언니가 남포동에 놀러가자고 하였다. 당연히 남포동까
지는 내가 살던 영도에서 영도대교를 건너면 바로 있었기에 둘이

중앙동을 갔었다. 지금은 없어졌지만, 미화당백화점이라는 곳에 들어가서 언니랑 구경을 하였다. 에스컬레이터는 그 당시 잘 구경할 수 없던 신기한 것이었다. 안내양이 에스컬레이터 앞에도 서 있었다. 누가 먼저 그러자고 한 것도 없이 언니와 나는 상향하는 에스컬레이터를 같이 뛰어 내려갔다. 초등학생인 언니는 아래층에 도착했고 아직 7살인 나는 에스컬레이터 중간에서 안내원에게 저지당해 다시 위층에 도착했다. 내려가는 에스컬레이터가 맞은편에 있다는 사실은 그 때는 몰랐기 때문에 언니를 찾으러 비상구를 향해 갔다. 한 층을 내려갔지만 언니는 없었다. 그리고 계속 내려와 미화당 밖으로 나왔는데, 잘 알 수 없는 곳이라는 것을 느꼈다. 그래도 영도교에서 미화당까지는 그리 먼 곳이 아니기에 혼자서 길을 찾아 나섰다. 그런데 가도 가도 내가 아는 길은 더 이상 나오지 않았고, 무슨 생각에선지 나는 쉬지 않고 앞으로만 걸어갔다. 한참을 가는데 비닐하우스도 나오고 그리고 터널이 나왔다. 여기가 시골인가 하고 생각했던 기억, 길 가는 어른들에게 영도 가는 버스 어디서 타냐고 물었더니 오히려 영도가 어디냐고 반문하는 어른들 밖에는 만날 수 없었다. 7살이라 버스비는 안 내도 된다는 것을 알고 있던 터라, 영도 가는 버스 타는 곳만 물으며 걸었던 기억, 지나가던 아주머니가 100원 동전을 손에 쥐어주던 기억 그래서 구멍가게에 들어가서 50원 하는 소라과자를 사먹고 잔돈 50원은 손에 꼭 쥐고 계속 걸었던 기억이 난다.

터널을 지났는데 맞은편에서 대학생쯤 되는 청년 둘이 터널에서 나와 매연에 싸여 새까맣게 그을린 나를 보고 말을 걸었다. 여차여차 이야기를 했더니 한 청년이 나를 번쩍 들어 안어 그 자리에 서있고 다른 한 청년이 어디론가 뛰어갔다 왔다. 그리고 나를 데리고 간 곳은 파출소였다. 그 파출소는 엄궁파출소였다. 엄마는 전화를 받고 한달음에 택시를 타고 그곳까지 오셨다. 엄마는 많이 놀라며 내 이름을 불렀던 기억...

그렇게 가보고 싶었던 아빠가 입원한 병원이었는데, 우리를 데려갈 수 없었던 상황에서 나는 엄마랑 택시를 타고 아빠가 입원한 병원에 갔고, 나는 병실에서 온몸에 붕대를 칭칭 감고 누워있는 아빠를 보았다. 내가 엄궁까지 갔고 파출소에서 연락이 왔다는 소식을 듣고 아빠는 누워서도 펄쩍펄쩍 흥분하셨다고 한다. 내가 도착할 때까지 아빠는 내가 꽉 쥐고 있는 한 손 주먹을 펴라고 하셨고 나는 손을 폈다. 손에 쥔 50원 동전을 보시고 아빠가 우셨다. 그리고 이 이야기는 시도 때도 없이 하는 이야기가 되어버렸다.

현재로서는 요원한 바람이지만 참여자는 아버지와의 화해를 희망하였다. 비록 이제까지 있었던 아버지의 언행을 생각하면 분노에 휩싸이고 관계를 끊고 싶을 지경이지만, 다른 한편으로는 어린 시절 이루지 못했던 다정한 아빠와 딸의 관계는 아니더라도 이제라도 앞으로 부녀 관계가 점차 회복되길 희망하는 마음이 늘 자리 잡고 있었다. 그래서 그녀는 결혼 이후로도 친정과 관련한 문제가 생기면 외면하지 않고 늘 갈등 상황에 처하였다.

3.2.2 모임 중반부(4-9회기)

참여자는 모임 초반부보다 더 많이 자신의 '문제의 이야기들'을 털어놓았다. 대화에서는 점점 더 깊이 있고 구체적인 사실들이 오갔고 과거의 치유되지 않은 상처가 맨살로 드러났다. 참여자는 종종 눈을 붉게 적시기도 눈물을 쏟아내기도 하며, 고스란히 혼자서 상처를 받아야 했던 무대 저편으로 숨은 꼬마를 달래어 어렵게 등장시켜야 했다. 모임 중반부 내내 이 같은 공감적 이해, 수용적 존중을 중심으로 한 치유 분위기가 무르익어 갔고 이 같은 문제발설을 통한 해소 과정은 은유적 이야기 치유 못지않게 참여자에게 중요하고 실질적인 치유 과정이 되었다. 이 과정은 앞으로 진행할 은유적 이야기 창작과 치유 과정의 성공적인 진행을 위한 중요한 시간이었다.

제가 장녀라서 동생들 대신 어렸을 때도 제가 제일 많이 맞았어요. 맞을 때 여러 번 실신했어요. 아파서가 아니라 제 키보다 큰 몽둥이로 맞는다는 공포 때문에 그랬던 것 같아요. 엄마보다는 우리들을 많이 괴롭혔어요. 결혼 인사한다고 신랑이랑 아버지한테 인사드리려고 집에 갔는데 현관에 들어서기 전에 계단에서 신랑 보는데 아빠한테 발로 맞았어요. 그 당시 뭐가 그리도 기분이 나쁘셨는지 아니면 신랑한테 '내가 이런 사람이다.'라고 보여주고 싶어서 그랬는지 모르지만, 곧 결혼할 딸한테 결혼할 남자 보는 앞에서 딸을 발로 걷어차는 일이 세상 어디에 또 있을까요?

한편으로 모임에서는 은유적 이야기 창작과 치유 방법에 관한 이론과 사례에 관한 학습을 진행하였다. 먼저 은유를 통한 다양한 사례들을 확인하면서 은유의 치유적 기능, 활용, 효과를 확인하였다. 이를 위해 번즈의 편저서 『이야기로 치유하기 – 치료적 은유 활용 사례집』, 저서 『마음을 치유하는 101가지 이야기』에서 이론과 실제를 위한 방법의 제1부를 학습 자료로 활용하였다. 따라서 본 모임에서는 은유적 이야기 개발을 위해서 'PRO(Problems Addressed – Resources Developed – Outcomes Offered)' 접근법을 모델로 삼았다.

참여자의 문제 확인

상처, 분노, 스트레스, 문제 상황에서의 고립 등

참여자의 자원 개발

사고의 유연성, 가족의 지지, 은유적 표현 '헐크',
아버지와의 관계 회복 희망 등

참여자 문제의 해결과 희망적 결말

과거 문제의 관점과 태도 변화, 문제의 이야기로 인해
묻혀 있었거나 잃어버린 참여자의 자원과 장점들인 사고의 유연성과
가족의 지지 등을 재발견, 문제의 이야기에 대항하는 새로운 이야기
획득, 가족에게 분노하고 긴장감을 조성하는 태도의 경감 등

참여자들은 책임자가 위의 번즈의 저서들과 앞에서 제시한 자료들을 중심으로 은유 치유 실제 사례뿐 아니라 은유의 기능, 특징, 은유적 이야기, 그리고 이것의 치유적 활용과 효과 등을 학습하였다. 다음은 은유적 이야기 교육 내용 가운데서 치유 기능으로써의 은유와 은유적 이야기의 주요 장점이자 특징들이다.

• 문학의 매력

　영화, 드라마, 소설, 옛날이야기 등 문학은 그 자체가 아이들은

물론이고 어른들에게도 매력적이다. 참여자를 위해 고안한 은유적 이야기는 그 자체가 호기심이 가는 값진 선물이다.30)

• 은유의 상호작용 기능

은유적 표현과 은유적 이야기는 그 안에 내재된 기능적 특징인 은유 탐색과 이야기로의 집중 작용을 청자와 화자로 하여금 유발시킴으로써 상호 간의 능동적인 대화 상황을 가능하게 한다. 따라서 은유적 이야기 창작 과정과 치유 상황에서도 능동적이고 역동적인 대화 상황을 연출하도록 자극한다.31)

• 거부감을 감소시키는 기능

은유와 은유적 이야기는 사실적이고 직설적인 표현이 주는 거부감을 해소할 수 있다. 참여자를 위해 고안한 은유적 이야기는 문제에 대한 회피나 저항을 피하게 한다.32)

---

30) Brett, Doris: Therapeutic Storytelling Technique, New York, Magination, 1992.

31) Spandler, Helen·Roy, Alastair·Mckeown, Mick: Using Football Metaphor to Engage Men in Therapeutic Support, Journal of Social Work Practice - Psychotherapeutic Approaches in Health, Welfare and the Community 28-2, 2013, pp. 229-245.

32) Lyddon, W.·Clay, A.·Sparks, C.: Metaphor and change in counseling, Journal of Counselling and Development 79, 2001, pp. 269-274.

• 탐색 역할

참여자를 위해 고안된 은유적 이야기는 이야기의 주인공으로 하여금 이야기와 자신과의 관련성, 의미, 이유를 찾도록 작용한다. '도대체 왜 이 이야기가 나와 어떤 관련이 있을까?'라는 궁금증 유발과 그 이유를 찾는 과정은 참여자(또는 내담자)의 치유 과정 자체가 된다.[33]

• 연결 고리 역할

은유적 이야기는 의식과 무의식의 다리 교두보 역할을 한다. 은유는 표현, 경험, 인지하지 못했던 의식 세계의 행위 근거를 무의식 세계에서 찾도록 돕는다.[34]

• 문제에 대한 대안적 기능

은유적 이야기는 문제 해결을 위한 새로운 가능성을 제시한다. 문제 해결을 위한 '대안적 이야기'는 과거의 문제에 의해 정체된 이야기의 방향성을 틀어 희망적인 세계로 청자를 인도한다.[35] 등

---

33) Levitt, H.·Korman, Y.·Angus, L.: A metaphor analysis in treatments of depression - Metaphor as a marker of change, Counselling Psychology Quarterly 13, 2000, pp. 23-35.

34) Lyddon, W.·Clay, A.·Sparks, C.: Ibid., 2001.

35) Tierra, Lesley: Metaphor-phosis - Transform your stories from pain to power, Bloomington Indiana, Balboa, 2012.

모임에서 치유 목적의 은유적 이야기 창작은 두 가지 방식으로 진행하였다. 하나는 동료 연구 참여자가 초안을 정해서 개발하면 연구책임자가 공동으로 창작, 점검하는 방식(#1 기대하지 않았던 만남), 다른 하나는 필자와 해당 참여자가 이야기의 초안을 정하고 필자와 동료 참여자가 협동으로 창작, 점검하는 방식이었다(#2 썩은 녹색의 헐크에서 에메랄드빛 헐크로).

마지막으로 필자는 치유과정 이전에 최종 점검을 통해 이야기의 치유적, 미적 기능과 완성도를 높이기 위한 보완작업을 하였다.[36] 이외에도 모임에서의 대화와 은유적 이야기 낭독은 상대방에 대해 존중하는 자세를 기초로 진행되었다. 대화와 치유 상황에서 참여자와 필자 모두 어투, 정조, 물리적 거리, 심리적 거리 유지 등을 고려하여 매 순간 해당 상황에 맞게 기술적이고 능숙하며 재치 있게 이야기를 진행하려고 노력하였다.

---

36) 교육과 문헌 확인을 거쳤음에도 이야기 개발 작업은 연구 참여자들의 의욕과 생각만큼 쉽지 않았다. 연구책임자는 연구 참여자가 생산한 이야기에서 치료적 기능 유무 확인, 치료 기능의 극대화를 위한 작업, 이야기 속 인물 선정의 적절성 확인과 보완, 사실적 이야기에 가까운 글을 은유적 이야기로 발전시키는 교육 등을 하였다. 무엇보다도 연구 참여자들이 생산한 은유적 이야기가 사건 전개의 구성력(Plot)을 갖추어 인물의 단순하고 밋밋한 행위 나열식 전개가 되지 않도록 지도하였다.

#1

기대하지 않았던 만남

아빠: 오늘도 피곤한 하루다. 손님은 없고, 하루 종일 운전을 하니 본전이나 남았는지 모르겠네. 내가 왜 이 일을 하고 있을까. 어머니가 보고 싶네. 우리 어머니의 자랑거리이던 나는 어디에 간 거지? 내가 봐도 나는 참 영리한 아이였는데. 지금도 나는 내 머리와 내 능력이 썩 쓸만하다 생각하는데 나는 왜 이러고 살고 있지? 어딜 가도 똑똑한 아이라 칭찬받아서 당당하던 나는 사라지고 이제 어디로 가야할까?

민경(가명): 나는 엄마 아빠가 참 좋아요. 그런데 가끔 아빠는 날 너무 무섭게 해요. 한없이 다정하게 느껴지다가도 갑자기 아빠는 변신을 해요. 활기차고 재미있는 우리 엄마 옆에 있으면 나는 즐거운 상상을 해요. 어서 빨리 어른이 되고 싶어서 엄마가 말해주시는 아름다운 세상에서 내가 하고 싶은 일을 멋지게 해내고 싶지요. 하지만 아빠는 내가 할 수 있다 말해주지 않아요. 나는 최선을 다하고 있는데 아빠의 마음에 차지 않으면 나는 또 변신한 아빠를 마주할 수밖에 없어요. 우리 집은 아빠의 왕국이지요. 변신한 아빠의 초라한 왕국.

부모님이 늦게 들어오시는 어느 날 저녁

민경: 나는 혼자 놀기도 잘하고요. 또 같이 놀기도 잘해요. 나는 못하는 게 별로 없는 것 같은데, 왠지 부끄러워요. 엄마랑 아빠는 일하러 나가셨어요. 늘 바쁜 우리 엄마 아빠지요. 나는 동생들도 잘 돌봐요. 동생들의 식사를 챙기는 건 종종 내 몫이에요. 난 아직 2학년 밖에 안 되었지만, 나는 정말 잘 할 수 있어요. 엄마가 아니지만 나는 종종 동생들에게 엄마가 되어 주기도 한답니다. 아이쿠. 동생들이 밥을 먹다가 밥상을 엉망으로 만들어 놓았네요. 빨리 정리하고 난 뒤, 동생들과 함께 골목길로 나가 엄마 아빠를 기다려요. 아, 언제오실까? 너무 너무 보고 싶어요.

아빠: 오늘도 하루 종일 작은 차 안에서 몸 한 번 제대로 펼 수 없었다. 여느 날처럼 요금이 많이 나왔다며 시비를 거는 손님과 한 번 실랑이도 해야 했지. 벌이가 시원치 않으니 어쩐담. 내가 할 수 있는 일이 무얼까. 오늘도 애 엄마는 약한 몸으로 고생하다 들어오겠지. 우리 민경이는 동생들 돌보느라 힘들었겠지. 우리 가족 모두 힘이 드네. 나만 고생하면 좋겠는데. 아, 속상하다. 술 한 잔으로 마음을 달래본다. 저기 저 앞에 우리 토끼 같은 내 새끼들이 나와 있네. 이 바람이 부는데 점퍼도 제대로 안 입고. 저 막내 녀석의

지저분한 얼굴은 또 뭐람. 내가 뭘 할 수 있을까? 집안 꼴이 말이 아니다. 말 안 해도 우리 민경이가 얼마나 애썼을지 알지만, 오늘따라 속이 상한다. 결국 "민경아! 이게 뭐니!" 민경이의 얼굴이 어두워진다. 우리 순둥이 민경이한테 아빠가 또 소리를 쳤구나. 이 소리는 너를 향한 것이 아닌데. 내가 뭘 할 수 있을까?

아이들의 엄마가 된 민경, 할아버지가 된 아빠

민경: 오늘도 아빠는 나에게 소리를 치시네요. 소리치시는 아빠의 목소리에도 미세한 떨림이 있다는 걸 이제는 나도 알 수 있어요. 저는 이제 커다란 어른이 되었어요. 아이 둘의 엄마도 되었어요. 많은 사람들이 나를 좋아해요. 나도 사람들이 참 좋아요. 아빠의 '큰 소리'가 나를 너무 힘들게 했지만, 나를 자라게도 했네요. 아빠가 왜 소리치는지 이해하려 애쓰던 버릇이 이제는 다른 사람을 이해할 수 있는 사람으로 만들었어요. 아빠의 큰 소리에서 우산처럼 동생들을 씌워주고 싶던 내 마음이 이제는 다른 사람들이 쉬었다 갈 수 있는 시냇가의 버드나무 같은 나를 만들었어요. 나는 쉴만한 물가에 있는 나무 그늘과 같은 사람이지만 내 그늘에 아빠가 앉아 쉬실 자리가 있을까요? 그것을 이제야 물어봅니다. 내 그늘이 넓어지도록, 내 가지가 굵어져야겠어요. 아빠가 쉬실 수 있도록. 너무나도

아팠고, 지금도 아프지만 나는 내가 할 수 있는 일을 알고 있어요. 사람들은 내게 상담사가 되어 보라고 해요. 나도 해 보고 싶어요. 하지만 용기가 나지 않아요. 아빠가. 아빠가. 할 수 있다고, 넌 참 잘 한다고 아빠의 큰 소리를 듣고 싶어요.

아빠: 민경아. 너를 조용하게, 다정하게 부르는 것이 어색한 아빠다. 너를 다정하게 부르기엔 너는 이미 커버린 엄마가 되었다. 너를 다정하게 부르기엔 이제껏 너를 안아주지 못한 내 자신이 초라하다. 그래서 오늘도 네게 소리를 치는구나. 네가 가고나면 또 후회할 것을. 나는 나를 넘는 것이 이렇게 힘이 드는구나. 너는 어렸을 때도, 지금도 참 든든한 사람이다. 아빠에게만 든든하더니 너는 이제 더 많은 사람에게 든든한 이가 되어주고 있구나. 내가 뭘 할 수 있을까 생각하던 그 시절, 내가 참 미련했다. 우리 딸 민경이 손 한 번 더 잡아줄 것을. 우리 딸 민경이와 줄넘기 한 번 더 할 것을. 우리 딸 민경이에게 든든한 내 딸이라고 칭찬해 줄 것을. 이제는 너무 늦었을까? 친정 대문을 나서는 너의 뒷모습에 나는 오늘도 큰소리 치고 싶다. 민경아! 넌 뭐든지 할 수 있어! 넌 참 대단한 사람이다! 그리고 미안하다.

∘ 은유적 이야기 '기대하지 않았던 만남'의 의의와 분석

모임의 구성원인 필자를 포함한 참여자들이 동료를 위해 창작한 이야기를 해당 참여자가 듣는 것은 한편으로 긴장되고 다른 한편으로 기대되는 일이다. 많은 사람들이 이런 '선물'을 받을 기회가 생기지 않는다는 점에서 참여자에게 모임에서 만든 이야기는 특별한 선물이 될 수 있다. 모임의 대화 과정과 교육 기간을 통해 서로의 문제를 자세히 알게 된 동료들이 그의 상처를 치유하기 위해 이야기를 만들어서 낭독해주고 글을 선물한다는 것은 그 자체만으로도 기쁨이다. 이 이야기에는 다음과 같은 은유 치유의 주요 특징들이 몇 가지 들어있다.

첫째, 이제는 더 이상 일어나지 않는 과거의 이야기 그러나 현재까지도 영향을 끼치는 아픔의 이야기는 동료들의 지지를 받으며 동료가 만든 새로운 이야기, 문제의 이야기로부터 벗어난 대안적 이야기를 만난다. 사고의 유연성이라는 자원을 지닌 이 참여자는 이야기를 통해 문제의 이야기를 재조명, 재해석하고 해결책을 발견함으로써 과거의 문제 상황은 유연해지고 희망적인 삶으로의 가능성을 찾게 된다.

둘째, 나인 듯 내가 아닌 듯 걸쳐 있는 은유적 이야기를 들음으로써 사실적인 내용으로만 진행될 때 받는 대화의 부담감은 덜어질 수 있다. 과거 문제의 삶을 생각하는 것만으로도 기분이 좋지 않고 마음이 상할 수도 있는 참여자에게 편안하고 여유로운 상황에서 아버지의 상황을 이해하고 참여자의 마음을 공감해주는 이야기는 문제 상황을 참여자가 더욱 쉽게 받아들이는 기회가 될 수 있었다.

셋째, 참여자는 은유적 이야기를 들으면서 자신의 현실세계와 이야기의 은유세계를 번갈아가며 관련성을 찾아다니는데, 두 이야기 간의 관련성을 찾아다니는 것이 치유 여정이라는 사실을 그 순간에는 인지하지 못하지만 치유의 시간인 것이다.

동료 참여자들이 들려준 '기대하지 않았던 만남'을 들으며

다른 사람이 들려주는 나의 아빠의 이야기를 들으며 마음 한편으로 '아~ 그랬겠구나.'하는 민망한 마음과 뭔가 내가 큰 실수를 했다고 여겨지는 미안한 마음이 몰려왔다. 어린 시절, 그때 아빠의 그런 마음을 알았더라면... 다른 모습의 내가 되었을까. 그 때 내가 아빠를 온전히 이해할 수 있었더라면 아빠 안에 있던 자라지 못한 어른 아이의 모습을 안아줄 수 있었을까? 이야기를 들으며 이미 돌이킬 수 없이 흘러버린 시간이지만 '아빠에게도 자신과의 싸움이 있었겠지.'하는 마음이 들었다. 아빠에게도 나에게도 홀로 싸우는 그 싸움의 시간은 누구에게나 주어졌다는 사실을 더 담담하게 받아들이게 되었다. 그리고 현실 속에서 깐깐하고 까칠한 다부진 근육질의 풍채를 자랑하는 아빠는 인자한 할아버지의 모습 또한 아니지만, 그 홀로 싸우는 그 내면의 싸움에서 이기지 못하고 자식들에게 그리고 아내에게 풀어버릴 수밖에 없는 아빠의 모습이 이제는 가련하게 여겨진다.

어린아이였던 나는 세상에서 제일 큰 존재였던 아빠에게 받고 싶던 사랑과 인정받고 싶었던 욕구를 나름의 주어진 상황 속에서 홀로 헤쳐 나갈 수

밖에 없었던 것 같다. 그러나 돌이켜 보면 그 또한 나 혼자 한 것이 아님을 알았다. 긍정의 거름이든 부정의 거름이든 자라게 하는 거름이 아니었던가? 하는 생각이 든다.

모임의 동료 글을 통해 내가 듣고 싶었던 이야기를 듣는다는 것이 익숙하진 않았지만 나눔을 통해 듣게 되는 간접 경험이 되는 글을 통해서 '아, 내가 인정받고 사랑받는다는 것을 갈망하던 한 어린 아이였구나.'를 알게 되었다. 머릿속에서 맴돌던 이야기들이 좀 더 입체적으로 와 닿게 되었다. 힘들었지만 무엇이 문제였는지 정확하게 알기 어려웠던 상황 속에서 한 걸음 뒤로 물러 나와서 제3자가 되어 상황을 들여다보게 되고 이야기 속의 아빠와 나를 좀 더 객관적으로 볼 수 있었다.

#2
썩은 녹색의 헐크에서 에메랄드빛 헐크로

"악! 헐크다아. 아빠, 엄마가 또 헐크 됐어요."
아들이 호들갑을 떨며 끽끽 거리는 원숭이처럼 아빠에게 소리치며 달려간다.
"너 자꾸 늦장 부릴 거야! 숙제 늦게 하면 힘드니까 할 일 다 하고 놀라고 했지? 7시까지 놀다 와서 열심히 한다고 약속을 하고는 자꾸 이런 식으로 하면 일주일 동안 친구랑 놀이터에서 못 노는 줄 알아!"

잔소리 하는 걸 정말 싫어하는 나는 어느 샌가 잔소리 속사포가 되어있다. 잔소리를 하고 나면 갑자기 마음 깊숙한 곳에서 화가 치밀어 오르기 시작한다. 아이들에게 따끔하게 혼을 내주고 말아야 하는데, 잔소리 속사포에서 시작하여 어느새 썩은 녹색의 헐크로 변신하고 있었다.

'아, 내가 왜 이러지? 따끔하게 혼을 내고 말아야 하는데, 마음의 절제가 안 되고 얼굴도 붉으락푸르락, 눈빛도 무섭게 레이저를 발사하고 있단 말이야.'

"아빠, 엄마 헐크예요"

나는 주방 쪽에서 혼잣말로 잔소리를 마무리하고 있다. 큰방에서 이 모든 상황을 접하고 있던 남편이 드디어 거실로 나온다. 아들의 지원군이다.

"윤호가 엄마 말 잘 들어야 하지. 뭐 해야 하지?"

남편은 아들과 함께 잠언 1장을 한절씩 번갈아가며 읽어주다. 큐티 아이 묵상하는 것도 지켜봐 주고 수학은 과감하게 1장에서 한바닥으로 줄여준다. 한자를 마무리 할 때도 옆에 앉아 있어준다.

남편의 여유로운 따뜻한 마음과 체온이 전달이 되었는지 아무것도 안 할 태세의 황소 같던 아들의 마음은 눈 녹듯이 스르르 녹았나보다. 재잘재잘 거리며 하고 있다.

"뭘 잘 했다고 줄여줘요? 너, 내일부터 일주일동안 놀이터에서 친구랑 못 놀아. 벌이야!"

나는 다시 한 번 일침을 놓는다.

"아빠, 엄마 생일날 헐크 가면 사줄 거예요."

"윤호야, 헐크는 빨간 팬티가 세트다."

"히히히, 하하하"

뭐가 그리 우스운지 부자지간 웃음꽃이 피었다.

"참~ 내."

난 한마디 할 뿐이다.

나는 늘 즐거운 8살 아들 때문에 화가 났다가 우습기도 하고 어처구니가 없어서 눈가에 눈물이 맺히기도 한다. 너무 어이가 없다. 썩은 녹색에 악취를 내뿜는 괴물은 점점 차분해지고 연한 초록색으로 변해간다.

약간의 시간을 보내고 소파에 앉아서 장난감을 가지고 놀고 있는 아들에게 다가가 소파 아래에 앉아서 이야기를 했다.

"엄마가 많이 무섭지?"

"네, 우리 혼낼 때는요."

"엄마가 헐크처럼 혼낼 때는 엄마가 싫지?"

"아뇨, 엄마 좋아요. 혼낼 때만 싫어요."

아주 솔직한 아들이다.

"엄마도 윤호한테 혼내고 소리치고 또 헐크가 됐을 때, 엄마도 엄마가 너무 싫어. 윤호도 엄마를 도와줄래? 엄마도 윤호가 힘들어하는 거 억지로 시키는 것 아니잖아. 매일 하기로 정해진 것을 하는 건데, 윤호가 미루고 며칠 동안이나 하지 않고 약속을 계속 어기니까 엄마도 하라고 말하다가 잔소리가 되고 잔소리가 혼내는 게 되고, 혼내다가 엄마 마음에 엄마도 화나고 속상하니까 헐크가 되는 것 같아. 윤호야 너는 엄마가 무서운 헐크면 좋겠니?"

"아뇨. 안 좋아요"

"그래, 엄마도 예쁘게 말하고, 아이들에게 다정한 엄마이고 싶은데, 어느새 헐크가 되어있네 미안해. 윤호야 엄마 도와줄 수 있지?"

"네"

이러고 나서도 우리 집에선 하루가 멀다 하고 헐크가 등장한다. 그리고 끽끽거리며 까불거리는 원숭이처럼 나의 속을 이리저리 뒤집어 놓는 아들이 있다. 남편은 헐크로 변신 중이나, 변신 되어있는 아내에게 판소리의 "얼! 쑤!" 추임새 같은 다양한 재치 있는 말을 사용해 피식 웃게 만들어 바람 빠져가는 풍선처럼 무력한 헐크로 만드는 여유롭고 맘 좋은 사람이다. 이렇게 지지를 받을 때, 썩은 녹색의 성난 괴물은 푸른 바닷가의 맑디맑은 에메랄드 빛 헐크를 상상한다. 사랑에 찬 눈빛의 헐크를 말이다.

◦ 은유적 이야기 '썩은 녹색의 헐크에서 에메랄드빛 헐크로'의 의의
와 분석

일반적으로 상담 시에 내담자는 치료자와의 대화중에 자신의 문제
와 관련된 은유를 표현하기 마련이다. 물론 치료자가 의도적으로 은
유적 표현을 내담자로부터 유도하거나 치료자가 내담자 상황에 맞춰
은유를 생산하기도 한다. 이와 같이 본 모임 과정에서도 참여자는
본인의 문제와 관련한 대화에서 몇몇 은유적 표현을 발설하였고 '헐
크'가 그 가운데 하나이다. 어린 아들로부터 모임 이전부터 모임 시까
지도 종종 들은 헐크는 자신의 본 모습을 그대로 드러내는 은유적
표현이기에 참여자는 매우 당황스러워했고 부정하고 싶었지만 자신
에 대한 정확한 표현이기에 인정할 수밖에 없었다. 만화와 영화 캐릭
터 헐크는 '썩은 녹색의 헐크에서 에메랄드빛 헐크'라는 치료 목적의
은유적 이야기를 생산하기에 유용하였고, 연구 참여자의 치료를 위해
온가족이 등장하는 유용한 자원으로 활용함으로써 희망적 결말을
이룬 이야기의 소재가 되었다.

'썩은 녹색의 헐크에서 에메랄드빛 헐크로'를 모임에서 접하고

"엄마 헐크예요."라는 말을 아들에게서 처음 들었을 때는 참 무안하고
인정하고 싶지 않았다. "어디서 엄마한테 버르장머리 없게 헐크라고 놀리듯

이 얘기해!"라는 말이 목구멍까지 차오르는 것을 간신히 참았다. 모임 동료들에게 말하기도 정말 싫었다. 그러나 그 순간 마음의 다른 한편에선 내 자신을 돌아보게 되었다. 아이들을 잔소리로 혼내다가 어느새 분이 올라 나도 모르게 점점 헐크로 변신해가는 나의 모습을 말이다. 그 모습으로 나는 나보다 어리고 약한 두 아이 앞에 서 있었던 것이다. 순간 헐크처럼 거대하고 무섭게 변신해 있는 모습이 나라는 것을 인정하고는 아들에게 아무런 말도 할 수 없었다. 내 자신을 돌아보게 하는 헐크, 부끄럽지만 어두운 나의 자화상 같은 헐크는 정말 내가 아니라고 부정하고 싶지만 부정할 수도 없고 떼려야 뗄 수 없어서 나를 숙연하게 만들고 그대로 받아들여야 하는 사실이었다. 이렇게 날 부끄럽게 만든 헐크라는 은유는 나의 상태를 정확하게 말해주는 나를 치유하기 위한 적절한 자원이었다. 은유적 이야기 교육과 치유 모임 그리고 가족의 사랑은, 썩은 녹색의 헐크가 에메랄드빛의 순하고 아름다운 엄마 헐크로 점점 변하는 과정과 훈련의 기회가 되었고 희망의 세계를 꿈꾸도록 도와주었다.

3.2.3 모임 후반부(10회기)

마지막 10회기 모임에서 모든 구성원들은 모임을 통한 유익과 효과, 본인과 모임에서 보완해야 할 사항 등 모임 전반에 대한 견해를 나누었다. 이 글에서 다루고 있는 해당 문제의 참여자 또한 본인이 경험한 모임에 대한 견해와 소감, 유익과 감사, 그리고 앞으로의 삶의 계획 등을 다음과 같이 밝혔다.

모임을 통해 치유 목적의 은유적 이야기 창작 방법과 능력을 기를 수 있었다. 치유 목적의 은유적 이야기를 만드는 유용한 모임이었다. 치유가 필요한 어떠한 상황을 빗대어 이야기하기, 즉 새로운 이야기로 구성된 나의 이야기를 만드는 경험과 능력을 기를 수 있었다. 치유가 필요한 상황을 직접적인 단어의 구성으로써가 아니라 은유적 소재를 통한 주인공의 3자 되어보기, 문제 상황 속에서 꼬집듯 잡아낸 해학적인 단어의 사용이, 굳어있거나 닫혀있는 마음의 벽을 허무는 중요한 매개체가 되었다. 은유, 비유, 대조 등으로 표현할 수 있는 사건이나 사물이 무엇일까? 이야기 속 상징성에 대해 생각할 수 있는 능력이 생겼다. 이야기를 만들어내기 위해 상대의 입장에 서는 공감능력과 위로 내지는 치료가 될 수 있는 이야기의 전개와 결론에 대해 고려하는 능력이 생겼다. 공동으로 작업하는 과정을 통해 치유적이고 미적인 은유 이야기를 만드는 능력이 향상되었지만 모임이 이후로도 지속적으로 이루어져 이야기의 완성도를 더 높이고 싶다. 이 모임 이후에 있을 나의 아이들을 위한 은유적 이야기 모임이 기대된다.

모임은 참여자의 상처 치료와 문제 해결에 긍정적이고 유용한 과정이었다. 개인 상담이 아니라 함께 소통할 수 있는 모임이었다는 것이 많은 도움이 되었다. 나 개인의 문제와 연결고리는 없을지라도 다른 연구 참여자의 이야기와 나의 이야기가 함께 공존함으로써 다시 생각해볼 수 있는 기회가 되었다. 상황은 다를지라도 나의 환경에 대한 폭넓은 시각을 갖게 해준 시간이었다. 근본적인 문제, 즉 상황은 별다른 변화가 없지만 내면의 움직임들 그리고 다양한 시각들로 나의 문제, 나의 상황을 더 크게 보고 생각의 좁은 틀을 벗어나는데 모임과 은유적 이야기의 도움을 받게 되었다.

과거 문제의 생각 틀에 갇혀 있다 보면 현재의 일들을 객관적으로 보기 힘들어서 잘못된 방법의 행동을 할 때가 종종 있는데 이러한 생각에서 한 걸음 물러서는 시간적 여유와 함께 문제 상황 속에서 3자가 되어보기를 하고나니 문제에 급급하지 않는 현재의 나를 바라볼 수 있게 되었다. 나의 삶 한 부분을 나누고 새로운 이야기를 듣는다는 것이 익숙한 것은 아니라서 어떨까하고 궁금했다. 은유적 이야기뿐 아니라 이 모임의 모든 작업의 시간들이 밑거름처럼 녹아들어 사랑받고 있고 위로 받고 있다는 느낌을 받았다. 다시금 생각해보니 돌이킬 수 없는 현실을 부정하기보다는 좀 더 나를 편안하게 하고 기쁠 수 있는 것들로 채워가기를 돕는 은유적 이야기들이었다.

아버지는 아직도 온전히 용서하거나 선뜻 다가가기 힘든 분이다. 그러나 이제는 더 이상 존재하지 않는 과거를 타자로 세워놓기로 했다. 그 어린 아이를 불러 위로해주고 안녕을 고했다. 어린 시절 상처를 받은 화가 난 나를 따로 떼어놓는 것을 이 모임을 통해 알게 된 것이 가장 큰 수확이었다. 이번 모임에서 배운 은유로든 의식적으로든 새롭게 형성된 새로운 나를 향해서 걸어가고자 한다.

4. 나가는 말

본 연구는 부모양육 문제를 주제로 한 은유적 이야기 교육과 치유 모임에 관한 사례 연구다. 모임 참여자들은 은유적 이야기라는 문학행위의 한 방법을 사용하여 마음의 문제에 접근하고 이를 해결하기 위한 모임을 진행하였다. 모임에서 구성원들은 상호 간의 신뢰를 기반으로 서로 지지하고 동료를 수용하며 해결책을 모색하는 과정을 십여 차례 모임을 통해 경험하였다. 참여자들은 문학과 글쓰기에 관한 기초 역량과 흥미가 있었고 모임 제안에 선뜻 참여 의사를 밝혀서 모임도 비교적 수월하게 진행될 수 있었다. 참여자들이 모임에서 여러 차례 서로 속마음을 털어놓고 마음의 문제를 해소하는 시간과 은유적 이야기 개발을 위한 글쓰기를 통해서 개인 문제를 모임에서 집중적으로 다룰 수 있었다는 점이 이들에게 좋은 경험으로 남았다.37)

하지만 모임에서의 아쉬움은 은유적 이야기 창작 과정을 긴 시간으

---

37) 손정희·이현주, 「제한된 여성의 위치와 전복적 스토리텔링을 통한 치유 효과 -이디쓰 워튼의 '뒤늦은 연인들', '나머지 둘'을 중심으로-」, 영남대학교 인문과학연구소, 『인문연구』 제72권, 2014, pp. 211-213.

로 진행하지 못했다는 점이다. 물론 참여자들이 대학과 대학원 이상의 학력 수준을 갖추고 있었으나 정기적으로 문학 학습과 관련한 활동이 거의 드물었다는 점에서 참여자들은 은유적 이야기 창작 연습 기간이 더 필요했음을 밝혔다. 필자는 앞으로 다양한 방식의 은유치유와 관련한 이론 연구와 실행을 지속적으로 진행하여 다양하고 심도 있는 사례를 제시하고자 한다.

이 글은 모임 참여자들 가운데서 아버지와의 갈등과 상처의 문제를 다룬 한 참여자의 사례에 집중하였다. 가족 안에서 아버지라는 존재와 역할은 글 서두에서 밝힌 바와 같이 자녀 성장에 매우 중요하다. 가족의 버팀목, 자녀의 올바른 성장과 원만한 대인 관계 형성, 가족의 경제적 지원, 배우자와 자녀의 정신적인 안정 등을 지원하고 지탱하는 견고한 지지대 역할을 하기 때문이다. 세상의 모든 자녀들이 얼마나 아버지의 온정과 보살핌을 필요로 하는지, 그래서 이것이 충족되지 못한 경우에 얼마나 이것을 갈망하는지는 우리 모두가 주지하는 바이기 때문이다. 끝으로 참여자가 이번 모임에서 느낀 감정을 본인이 창작한 시적 텍스트로 표현함으로써 연구를 마무리 한다.

드넓은 광활한 대지 위
푸르른 하늘
맘껏 뛰어 놀 수 있는 곳

눈앞에 펼쳐진 주어진 그곳

넓고 따뜻한 대지 위로 달려갑니다.
달려가다 가시덩굴을 보게 됩니다.
어떻게 저곳으로 가야하지
저 곳이 내가 있어야 할 곳인데

한참을 생각합니다
어느 틈새라도 있을까
가시덩굴을 따라 조심스럽게 따라 걷습니다.
가도 가도 조금의 틈새도 없군요

여기가 아니라 저기입니다.
누가 저곳으로 나를 데려가 줄까요
무엇이 나를 저곳으로 들어가게 해줄까요
내 몸이 들어갈 크기의 틈새가 있나요

온몸에 가시의 상처가 나기 시작합니다.
들어가면 들어갈수록 더욱 촘촘해지는 가시철조망
조금만 더 들어가면 이 가시덩굴을 벗어 날수 있을까요.

다시 가시철조망에 온몸이 긁힙니다.

들어갈 때는 조심해서 들어갑니다.
그리고 이제 빠져나옵니다.
더 이상 그 상처는 상관없습니다.
아파하지 않기로 했습니다.

드넓은 광활한 대지 위
푸르른 하늘
맘껏 뛰어 놀 수 있는 곳
눈앞에 펼쳐진 주어진 그곳

넓고 따뜻한 대지 위
그곳은 따뜻하고 살기 좋을 곳
내가 있어야 할 곳이라고 생각합니다
가시덩굴 옆에서 그곳을 바라보며 살고 있습니다.

참고문헌

◦ 논문

김상우, 「아버지의 긍정적 양육태도와 자아분화 정도가 장애아동의 사회성숙도
에 미치는 영향」, 석사학위논문, 단국대학교 교육학과 상담심리전공, 2012.

김선혜, 「아버지의 양육태도 및 놀이성과 아동의 리더십과의 관계」, 석사학위
논문, 순천향대학교 심리치료학과 놀이치료전공, 2013.

김영천·이희용, 「질적연구에서의 글쓰기 - 문학적 표현양식들의 이해」, 경북대
학교 중등교육연구소, 『중등교육연구』 제56집 3호, 2008, pp. 187-222.

김현준, 「아버지의 양육태도가 아동의 자아존중감에 미치는 영향」, 석사학위논
문, 부산교육대학교, 초등상담교육전공, 2013.

김현지, 「과거에 경험한 부모의 양육태도와 자아정체감이 성인의 정서지능에
미치는 영향」, 석사학위논문, 경희대학교 간호학과 정신전문전공, 2012.

서경현 외, 「아버지의 양육태도와 가정폭력이 대학생의 연인관계와 데이트 폭
력에 미치는 영향」, 한국심리학회, 『한국심리학회지: 건강』 제12권 1호,
2007, pp. 153-170.

손정희·이현주, 「제한된 여성의 위치와 전복적 스토리텔링을 통한 치유 효과
- 이디쓰 워튼의 '뒤늦은 연인들', '나머지 둘'을 중심으로 -」, 영남대학교
인문과학연구소, 『인문연구』 제72권, 2014, pp. 209-238.

원희랑·서보남, 「가정폭력쉼터 아동의 문제행동 개선을 위한 미술치료 사례연

구」, 한국미술치료학회, 『미술치료연구』 제17권 4호, 2010, pp. 879-899.

이민용, 「서사 담화와 정신분석학 기반의 내러티브 치료」, 『독일문학』제125집, 한국독어독문학회, 2013, pp. 163-184.

Carmichael, Karla D.: Metaphorical Intervention in Alcohol Dependency, Alcoholism Treatment Quarterly 18-4, 2000, pp. 111-118.

Dielman, C.·Stevens, K.·Lopez, F.: The Strategic Use of Symptoms as Metaphors in Family Therapy - Some Case Illustration, Journal of Strategic & Systemic Therapies 3, 1984, pp. 29-34.

Legowski, Terasa·Brownlee, Keith: Working with Metaphor in Narrative Therapy, Journal of Family Psychotherapy 12-1, 2001, pp. 19-28.

Levitt, H.·Korman, Y.·Angus, L.: A metaphor analysis in treatments of depression - Metaphor as a marker of change, Counselling Psychology Quarterly 13, 2000, pp. 23-35.

Lyddon, W.·Clay, A.·Sparks, C.: Metaphor and change in counseling, Journal of Counselling and Development 79, 2001, pp. 269- 274.

Spandler, Helen·Roy, Alastair·Mckeown, Mick: Using Football Metaphor to Engage Men in Therapeutic Support, Journal of Social Work Practice - Psychotherapeutic Approaches in Health, Welfare and the Community 28-2, 2013, pp. 229-245.

Sullivan, M. A.: Voices Inside Schools - Notes from a Marine Biologist's Daughter: On the Art and Science of Attention, Harvard Educational Review 70-2, 2000, pp. 211-227.

Wilkinson, L V.·Buboltz, W.: Anecdotes, Metaphors, and Stories - A Clinical Technique for Group Therapy. Journal of Clinical Activities, Assignments and Handouts in Psychotherapy practice Vol. 1-2, 2001, pp. 43-57.

∘ 단행본

고미영, 『이야기 치료와 이야기의 세계』, 서울, 청목출판사, 2004.

권영민, 『문학의 이해』, 서울, 민음사, 2009.

김선하, 『리쾨르의 주체와 이야기』, 경기, 한국학술정보, 2007.

김영천, 『질적연구방법론III Writing』, 경기, 아카데미프레스, 2013.

모건 스캇 펙(Morgan Scott Peck) 지음, 윤종석 옮김, 『거짓의 사람들 People of The Lie』, 서울, 비전과 리더십, 2003.

모건 스캇 펙(Morgan Scott Peck) 지음, 최미양 옮김, 『아직도 가야 할 길 The Road Less Traveled』, 서울, 율리시즈, 2011.

우르술라 누버(Ursula Nuber) 지음, 김하락 옮김, 『심리학이 어린 시절을 말한다. Lass die Kindheit hinter dir - Das Leben endlich selbst gestalten』, 서울, RHK, 2010.

이정숙, 『부모가 아이를 화나게 만든다』, 서울, 한국경제신문, 2007.

조지 W. 번즈(George W. Burns) 지음, 김춘경 옮김, 『마음을 치유하는 101가
지 이야기 101 Healing Stories for Kids and Teens - Using Metaphors
in Therapy』, 서울, 학지사, 2009.

조지 W. 번즈(George W. Burns) 편저, 김춘경·배선윤 옮김, 『이야기로 치유하
기 - 치료적 은유 활용 사례집 Healing with Stories - Your Casebook
Collection for Using Therapeutic Metaphors』, 서울, 학지사, 2011.

폴 C. 비츠(Paul C. Vitz) 저, 장혜영 옮김, 『신이 된 심리학 Psychology as
Religion』, 서울, 새물결플러스, 2010.

Brett, Doris: Therapeutic Storytelling Technique, New York, Magination,
1992.

Burns, George W: 101 Healing Stories for Kids and Teens - Using
Metaphors in Therapy, New York City, John Wiley & Sons, 2004.

Clandinn, D. Jean·Connelly, F. Michael: Narrative Inquiry - Experience
and Story in Qualitative Research, Jossey-Bass, 2004.

Erickson-Klein, Roxanna: The Metaphor That Sang Its Own Sad Song:
Therapeutic Storytelling in Pediatric Hospice Care, in: Burns,
George W.(Ed), Healing with Stories - Your casebook collection for
using therapeutic metaphors, New Jersey, John Wiley & Sons, 2007,
pp. 199-209.

Kafka, Franz: Die Verwandlung, Stuttgart, Reclam(c 1912), 1995.

Kopp, Richard: Metaphor Therapy - Using Client-Generated Metaphors in Psychotherapy, New York, Routledge, 1995.

Kopp, Richard: An Empty Sadness: Exploring and Transforming Client-Generated Metaphors, in: Burns, George W.(Ed), Healing with Stories - Your casebook collection for using therapeutic metaphors, New Jersey, John Wiley & Sons, 2007, pp. 30-43.

McNeilly, Robert: Night, Night, Sleep Tight, Don't Let the Sharks Bite: "What's Missing?" in Metaphors, in: Burns, George W.(Ed), Healing with Stories - Your casebook collection for using therapeutic metaphors, New Jersey, John Wiley & Sons, 2007, pp. 190-198.

Smit, Gregory: Trekking to Happiness-No Sherpa Required - A Utilization Approach to Transcending an Abusive Relationship, in: Burns, George W.(Ed), Healing with Stories - Your casebook collection for using therapeutic metaphors, New Jersey, John Wiley & Sons, 2007, pp. 89-99.

Tierra, Lesley: Metaphor-phosis - Transform your stories from pain to power, Bloomington Indiana, Balboa, 2012.

Weißenborn, Theodor: Außenseiter - eine Kategorie der Verdrängung Zur sozialen Aufgabe einer Literatur, die sich als gesellschaftliche

Einrichtung versucht, in: Petzolt, Hilarion G.·Orth, Ilse(Hgg.): Poesie und Therapie - Über die Heilkraft der Sprache, Bielefeld, Sirius, 2009, S. 159-166.

Yapko, Michael D.: The case of carol - Empowering decision-making through metaphor and hypnosis, in: Burns, George W.(Ed), Healing with Stories - Your casebook collection for using therapeutic metaphors, New Jersey, John Wiley & Sons, 2007, pp. 67-78.

학습자 스토리텔링 활동

제1장 아빠는 나의 괴로움
어린 시절에 엄하고 폭력적인 아버지로부터 받은 상처

1. 글 요약하기

(이 글에서 가장 인상적인 내용부터 시작하여 요약해보자. 모둠별로 활동을 진행해도 좋다.)

2. 아버지와 함께했던 가장 인상적인 장면 또는 장소를 떠올려보시오.

3. 아버지를 어떤 단어에 빗대어 표현해보시오. 은유적 표현이 좋습니다.

4. 나는 아버지와의 관계가 어떠한가?

5. 혹시 아버지께 서운한 사건이 있으면 기술해보시오.

6. 아버지는 나에게 어떤 존재인가?

7. 아버지는 어머니를 비롯하여 가족과 주변 사람들에게 어떤 존재인가?

8. '아빠는 나의 괴로움'에서 치유 목적의 스토리텔링 교육과 치유 모임의 예를 확인하였다. 이 예와 학습자 활동지를 참고하여 개인이나 모둠으로 이와 같은 과정을 진행해보자.

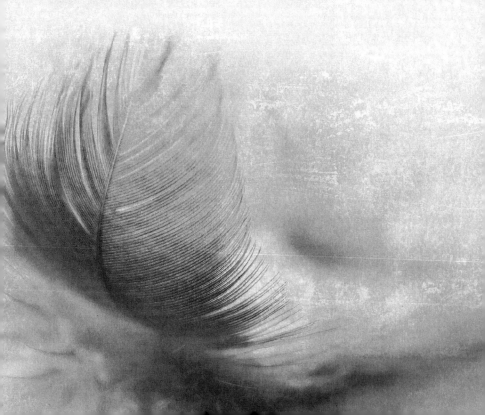

제2장

엄마의 화려한 외출과 폭발

어머니의 잦은 '외출'과 분노로 상처받은 자녀들

1. 들어가는 말

1.1 이 글의 의미

　의학계의 정신건강의학 치유와 심리학계의 상담심리 치유 외에도 최근 들어 국내에서 인문·예술분야를 중심으로 한 치유에 관한 연구와 실제 활동이 꾸준히 증가하는 경향을 보이고 있다. 이들 분야 중에서 문학과 관련해서도 시 치유, 독서 치유, 이야기 치유, 연극 치유 등에서의 이론과 실제 연구 또한 이러한 추세에 있다.

　교훈적·유희적 기능으로서의 문학 기능 외에 문학의 주요한 기능인 치유 측면에 집중하고 이를 개발하는 것은 문학연구차원에서도 고무적인 일이라 할 수 있다. 문학 활동을 통해서 마음의 문제를 해결하고 삶의 건강을 회복하는 일은 인간 삶에 자연스러운 일이고 장려되어야 할 일이기에 이를 위한 연구와 실제 활동이 왕성하게 이루어져야 할 것이다.

　하지만 양적인 측면에서만 보더라도 학술 활동과 실제에서 문학의 치유적 기능은 그 필요성이 요구되면서도 여전히 상대적으로 소수를 이루는 처지에 있다. 치유로서의 문학행위는 그 자체가 문학수용과 문학창작 활동임에도 이를 주요 목적으로 한 치유적 접근으로서의 연구와 실제 적용은 그 중요성에 비해 수적으로 미비하다. 따라서

이에 관한 연구가 외국에서와 같이 국내에서도 더욱 왕성하게 진행될 필요가 있다.[1]

이 글은 문학에 기댄 다양한 치유 연구와 방법들 가운데에서도 '은유Metapher', '은유적 이야기Metapherngeschichten'와 관련한다. 은유와 은유적 이야기를 활용한 치유는 심리학 분야에서 주도적으로 왕성한 연구와 실행이 이루어져 왔다. 그래서 이제는 심리극치유, 단기 가족치유, 문제행동의 해결중심치유 등과 같은 상담심리치

---

[1] 국내 독어독문학계에서 병리·치유 연구가 양적으로는 소수에 불과하지만 그럼에도 십 년 넘게 지속적이고 심도 있게 이루어져 오고 있는 점이 주목할 만하다. 언급한 바와 같이 이는 문학 연구 주제에 있어서도 자연스러운 현상이고 우리사회에 가치 있고 유용한 연구들임에 분명하다. 연구방법의 전반적인 경향은 단연 문헌중심연구가 지배적이지만 실제 치유 사례를 제시하는 경우도 보이고 있다. 이와 관련한 주요 연구들은 다음과 같다. 문학텍스트에 나타난 인물의 병리적인 모습을 병리학, 정신분석학, 문예학 관점에서 분석한 연구(오동식 2009; 도기숙 2010 외 다수), 특정 문학텍스트를 예로 들어 인물들의 병리 현상을 진단하고 치유 기능으로써의 문학의 기능 및 활용 가능성을 제시한 연구(채연숙 2008 외), 독일 사회의 병리적 사례를 독일문화와 문학의 특징과 연관하여 분석하고 한국의 문학치유 연구와 실제의 정착을 모색한 경우(채연숙 2011), 작품 내의 인물이 특정 문학을 접합으로써 문제 개선과 치유가 이루어졌음을 제시한 예(이민용 2009), 치유사가 문학텍스트를 활용하여 내담자를 치유한 사례를 담은 문헌을 소개한 연구(노환홍 2010), 문학의 치유적 기능을 분석하고 우울증과 관련한 치유의 일부 과정을 제시한 연구(변학수 2006 외), 은유 개념부터 은유의 치유 기능에 관한 논문(이민용 2010) 그리고 국내 인문치유 담론에서 이야기, 내러티브, 스토리텔링을 주제로 한 연구와 치유 방법에 관한 다수의 연구들(이민용)이 이루어지고 있다. 이러한 문헌중심연구들은 다양한 방법과 수준의 치유 실제의 이론적 토대가 되어 사례 연구들에서(이성욱/김봉환 2007; 유건상 2014) 이론적 기반으로 활용되기도 하고 있다. 따라서 앞으로도 문헌중심연구와 함께 이를 기반으로 한 사례 연구가 활발하게 이루어져서 문학연구와 치유실제가 통합된 다양하고 효과적인 치유 사례와 모델이 양석 연구, 질적 연구 모두에서 왕성하게 제시되어야 할 것이다.

유방법에서 은유 치유는 치유 상황에서의 부속적인 치유 도구로 사용되는 것을 넘어서 치유방법과 상황의 전체 틀 역할까지도 하고 있다 (Kopp 1995, xvi).

그러나 은유가 지닌 치유적 기능과 활용 가능성이 적지 않음에도 불구하고 은유의 본고장이라 할 수 있는 문학 분야에서는 문학연구자와 교육자들이 주도하는 치유적 기능으로서의 은유에 대한 연구, 은유적 이야기의 치유적 방안에 대한 탐색과 실행이 여전히 미미한 상황에 있는 실정이다(이민용 2010b, 293).

은유와 은유적 이야기가 지닌 치유로서의 기능과 장점 그리고 사례를 제시하는 저서와 논문에서 공통적으로 언급하고 따르는 주요한 원리들에서 확인할 수 있듯이, 은유와 은유적 이야기 치유는 내담자가 치유 과정으로 순조롭게 진입할 수 있도록 내담자의 저항을 다루는 효과, 내담자가 경험한 과거 이야기 정체성에 대한 변화 시도, 해당 문제에 대한 대안·대체·관점변화를 통한 문제 해결이라는 점에서 치유를 위해 효과적이고 유용하게 쓰일 수 있는 문학행위인 것이다(Hammel 2009, Priebe/Dyer 2014, Schneider 2009, 고미영 2004).

이 글의 주제와 관련한 모임에 참석한 한 참여자가 친모의 외도와 분노로 인해 이전에 겪었던 아픔과 관련한 사례에 초점을 두었다. 이 사례에 관한 학술적 논의의 필요성은 외도와 분노 문제가 현실세계와 허구세계 도처에서 빈번하게 등장하면서도 이로 인해 우리 삶에 심각한 사태를 초래하기 때문에 해결의 필요성이 요구되기 때문이다. 따라서 이 글에서의 외도와 분노 문제는 일차적으로 해당 참여자의 문제이면서도 이 주제가 특정 개인과 소수만의 문제가 아니라는 사실, 그래서 이 문제들은 현상적으로 과거 현재 미래의 인간사회 도처에서 끊임없이 발생하고 있으며 본질적으로 인간의 본능, 감정, 기질, 죄의식, 범죄 등과 분리해서 생각할 수 없다는 중요성을 지닌다.

이외에도 이 글의 필요성이 강조되어야 하는 이유는 필자인 '나'에게도 있다. 필자인 나는 대학에서 연구와 교육을 하는 사람이면서 동시에 한국과 지역사회 공동체에서 살아가는 한 개인이다. 그 안에서 타인과 더불어 영향과 도움을 주고받으며 살아간다는 것은 나에게 혜택이면서 동시에 빚이기도 하다. 즉 이 글의 기술 필요성은 나 밖에서 일어나고 관찰되는 외도와 분노라는 문제들에서 찾는 것과 함께 내 삶의 존재 방식, 삶의 의미 찾기에도 존재한다(참조, 김영천 2013, 12-15).

1.2 글의 구성 및 기술 방식

이 글은 크게 문헌고찰과 사례제시로 이루어진다. '2. 문헌고찰'은 이 글의 주제와 사례의 문헌적 배경에 해당한다. 은유와 은유적 이야기 치유, 문학세계와 현실세계에 나타난 외도와 분노에 관해 논함으로써 그 문제의 심각성과 해결의 필요성을 제시한다. 사례제시는 '3. 은유적 이야기 교육과 치유 모임 사례'에서 '엄마의 외출과 폭발' 문제로 인한 참여자의 상처와 치유에 집중하여 기술한다. 여기서는 참여자가 작성한 설문지 내용, 참여자 진술 그리고 이를 종합하고 활용하여 필자와 동료 참여자들이 치유 목적으로 개발한 은유적 이야기를 제시한다.[2]

이 글은 양적 논문처럼 연구문제를 제시하고 그 효과와 달성 정도를 수치로 측정하는 방식이 아니다. 사례에서 나타난 현상과 의미를 연구자의 '내러티브 글쓰기narrative writing'를 통해 그 진행 과정을 보여주는 질적 연구에 해당한다(Clandinin/Connelly 2004). 따라서 이 글의 목적 또한 은유적 이야기 교육과 치유가 해당 사례의 참여자 문제와 관련하여 어떻게 진행되었는지를 '제시하는 것'에 있다.[3]

---

2) 3장 '은유적 이야기 교육과 치유 모임 사례'에서 제시하는 모임의 10회기를 해당 연구 참여자에 대한 은유적 이야기 교육과 치유 과정 차원에서 볼 때 그것은 다음과 같다. '①제시된 문제－②개발된 자원과 적용－③나타난 결말이다. 즉, ①연구 참여자의 문제 현상과 원인을 확인하는 단계(Problems Addressed), ② 연구 참여자로부터 자원을 찾고 이것을 치유를 위해 개발하고 치유에 적용하는 단계(Resources Developed), ③모임에서 이루어진 교육과 치유로 나타난 결과를 확인하고 이를 독려하는 단계(Outcomes Offered)이다.(번즈 2011)

3) 일반적으로 일련의 '문학텍스트를 활용한 문학치유 모임'에서는 치유자가 모임 사전에 치유 도구로 특정 텍스트를 선정하거나 또는 치유자가 내담자의 증상을 치유과정 초기에 확인하고 적절한 문학텍스트를 선정하여 치유 회기에서 활용한다. 이와 달리 본 연구는 연구자가 현실에서 일어나는 현상(본 연구에서는 모임)을 따라가며 그 과정을 논문형식으로 기술하는 질적 연구방법 가운데 하나에 해당한다. 그럼으로 본 연구에서 활용된 이론적 배경 '2. 연구를 위한 문헌고찰'은 모임 진행 중반 이후 과정에서 구성되거나 모임이 끝난 이후 연구자가

2. 문헌 고찰

2.1 은유적 이야기를 활용한 치유

현재 독일에서 심리치유사와 저술가로 활발한 활동을 하고 있는 '우줄라 누버Ursula Nuber'는 은유적 이야기치유만을 전문으로 하는 상담치유사는 아니지만 '치유적(목적의) 이야기Therapeutische Geschichte'[4] 의 치유전략 가운데 핵심인, 문제의 이야기를 새롭고 희망적인 이야기로 대체하기와 유사한 치유원리와 예들을 소개한다.

그는 『심리학이 어린 시절을 말한다Lass die Kinder hinter dir』에서, "우리가 어린 시절에 겪었던 문제의 이야기에만 초점을 맞추면 평생 외롭고 사랑받지 못하고 무시당하고 무능력한 사람으로 느낄 수밖에 없고 과거를 어떻게 해볼 도리가 없기 때문에 현재와 미래도 마찬가지라고 생각하기 쉽지만 어린 시절에 겪은 일을 새로운 틀,

---

논문기술 시에 모임 현상에 관한 적절한 이론적 배경을 구성하여 근거로 제시한 내용들이다. 따라서 본 연구 2.2.에서 나오는 G. 뷔히너의 『보이체크』와 F. 뒤렌마트의 『노부인의 방문』 또한 치유도구가 아닌 모임에서 드러난 연구 참여자의 문제증상을 구현하는 이론적 배경에 해당한다. 두 작품은 외도와 분노의 심각성이 어떠한지 보여주기 위해 제시되었다.

4) 은유적 이야기 치유, 치유적 이야기, 이야기 치유 등으로 국내에서 사용하는 이 용어들은 이와 관련한 독일어와 영어 문헌에서 주로 'Therapeutische Geschichten', 'Metapherngeschichten'(독), 'metaphor stories', 'healing stories', 'metaphor stories healing'(영) 등으로 표기하여 사용하고 있다.

더 큰 틀에서 보게 되면 과거와 거리를 둘 수 있게 되고 자신이 문제의 이야기 속 사람과 똑같지만은 않다는 것을 알 수 있다(누버 2010, 219)."라고 밝히고 있다.

이와 상응하여 은유적 이야기 치유는 문제의 이야기를 새로운 틀과 거리두기를 통한 희망적인 이야기로 대체하는 것으로, 은유의 고유한 특징인 외현화, 거리 두기, 재구성, 분리, 연합, 관점 변화, 문제의 경감, 유머 등(Lindemann/Rosenbohm 2012, 14-23)을 활용하여 내담자가 지닌 과거 문제의 이야기 관점을 변화시키는 효과적이고 실질적인 치유 방법이라 할 수 있다.

과거 문제의 이야기 틀에 갇혀 있는 사람에게 이를 극복하기 위한 방법으로 문제에 대한 새로운 통찰과 안목을 제시하는 치유 목적으로 개발한 은유적 이야기는 과거에 굳어진 이야기 틀을 재구성·대체·관점변화 등을 시도하여 해당 문제로부터 벗어나고 회복하도록 작용한다. 이는 문제의 이야기에 갇힌 당사자를 고려하여 창작한 은유적 이야기가 고정된 행동 양식에 대한 변화의 실마리로 작동될 수 있기 때문이다.

이와 관련하여 '폴 리쾨르Paul Ricoeur'의 이야기 정체성narrative identity 개념을 수용할 수 있다. 이야기 정체성과 이야기 치유를 연관지어 본다면, "뮈토스-미메시스, 허구적 이야기와 역사적 실제 이야기의 연결고리, 해석학적 순환에 관한 문학이론을 기반으로 하는 이야기는 치유적으로 활용하는 데 유용하게 사용될 수 있다"는 관점이 성립된다(이민용 2010a, 265).

은유적 이야기 치유의 핵심은 과거 상처로 인한 내담자의 손상된 이야기 정체성에 이를 치유하기 위한 '건강한 이야기'가 개입되어 손상된 이야기를 대체, 변형함으로써 내담자를 치유한다는 것이다. 실재로 일련의 은유적 이야기치유 사례를 보면 치유자는 내담자의 문제 이야기에서 작용하는 뮈토스를 대체, 변형하는 치유 시도를 통해 내담자를 치유할 수 있는 가능성을 찾는다.

이것이 가능한 이유는 "이야기 정체성은 불변의 정체성이 아니라 역동적으로 재구성되는 정체성"이므로 대안적 이야기를 통한 내담자 치유가 이루어지기 때문이다. 여기서 대안적 이야기치유과정은 "문제에 물들지 않은 자신의 이야기들을 끄집어내서 새롭게 구성할 수 있는 것"을 의미하며(이민용 2010a, 266-267), 이는 은유 치유사인 '조지 W. 번즈George. W. Burns'가 『이야기로 치유하기Healing With Stories』(2011)에서 치유 1 단계로 정한 '문제 해결을 위한 내담자의 자원 개발' 과정에서 이루어지는 작업과 의미를 같이 한다.

문학은 상상의 세계를 독자에게 펼쳐 보인다. 은유로 가득한 내러티브 세계는 독자로서 본인이 지닌 직접적이고 사실적인 현실의 문제를 은유라는 매개체를 통해 효과적인 대안을 마련하도록 자연스럽게 유도한다. 만약 은유적 이야기치유 과정에서 내담자가 자신의 문제 이야기를 상담과정에서 사실적으로 언급하지 않더라도 문제를 중심으로 한 내담자와 치유자 간에 이루어지는 일정 기간 동안의 치유 지향적 대화는 궁극적으로 문제 해결과 새로운 가능성을 위한 대리적 기능을 수행한다.

문제에 대한 접근과 처리가 이성적이고 사실적인 방식이 아닌 은유적이고 감성적인 방식을 통하여 문제는 가볍고 가변적인 성질의 것으로 변할 수 있다. 이 방법이 심리치유에서 효과적인 이유는 문제를 이성적이고 사실적으로 접근하기보다는 은유적인 접근이 내담자로 하여금 문제와 치유에 대한 태도를 보다 수용적이고 차분하게 만들어서 문제 직면에 대한 '저항Resistenz'을 제거하고 치유 과정을 순조롭게 진행할 수 있도록 돕기 때문이다.

문제를 은유적 이야기라는 문학의 세계로 끌어들이면 문제 상황은 변화 국면을 맞게 된다. 내담자는 은유적 이야기 치유와 같은 치유적 기능을 통해 무의식에서 작동하는 문제행위기제가 균열되고 무력하게 되는 경험을 하게 된다. 이러한 경험이 효과적으로 지속될수록 과거 문제로 인한 현재의 세계는 무너지고 새로운 세계가 구축될 가능성은 높아진다.

이는 상상력으로 꾸며진 내러티브가 현실을 지배하는 사실적 내러티브를 찾아가서 이를 탐색하고 치유적 관련성을 맺음으로써 내담자의 문제를 해결하기 위해 노력하기 때문이다. 그럼으로 결국에는 내담자의 문제 해결에 맞추어 유도된 내러티브는 문제를 극복하고 미래 발전적으로 실재하는 내러티브로 자리매김을 하게 된다(vgl. Hammel 2009, 19-20).

참여자 : "화가 나서 미칠 것 같아요. 화가 나면 무조건 가족들에게 고래고래 소릴 질러요. 저는 마치 '브레이크 없는 자동차'를 몰아가 듯해요." 그리곤 그냥 부딪혀요. 앞뒤 안 가리고. 때로는 주변의 지인들에게도 돌진해요.

필자: 당신은 자동차를 멈추기 위해 무엇을 해야 하나요?

참여자 : 모르겠어요. 아마 멈추지 못할 거예요. 차에는 브레이크가 없다고 말했잖아요.

필자: 누군가 자동차에 함께 동승하고 있나요?

참여자 : 글쎄요... 주로 가족들이죠. 제 가족, 남편과 아이들...

필자: 브레이크가 없는 차라면 분명히 사고가 날 텐데, 그렇다면 남편과 자녀들은 차안에서 어떻게 되나요?

참여자 : 심하게 다치거나 아마 죽을 수도...

필자: ……

참여자: 차를 돌려야겠어요. 오르막길이 있는 방향으로5)

---

5) 연구 참여자와 연구책임자 간의 이 대화는 모임에서 있었던 대화들 가운데 한 편이다. 연구 참여자가 지닌 현실적 문제인 분노에 대한 대화에서 '브레이크 없는 자동차'라는 은유가 생성되었고, 연구 참여자는 이에 대한 은유적 변형을

2.2 문제의 심각성과 해결의 중요성

2.2.1 외도

∘ 문학세계

우리는 종종 '외도Ehebruch'로 인하여 누구보다도 외도 당사자들이 심각하고 돌이킬 수 없는 사태를 스스로 초래하는 경우들을 문학세계와 현실세계 모두에서 확인할 수 있다. 외도는 외도 당사자들에게 경우에 따라 치명적일 수 있으며 나아가 이들의 자녀와 부모를 포함한 가족에게도 깊은 상처를 남길 수 있는 문제를 본질적으로 안고 있다. 독일문학에서도 외도로 인한 살인과 자살이라는 극단적인 결과 사례를 '게오르그 뷔히너Georg Büchner'의 『보이체크Woyzeck』를 통해 확인할 수 있다. 이 희곡텍스트에서 주인공 보이체크의 동거녀 마리와 군악대장 간의 외도는 결국에는 보이체크에 의한 마리의 살인과 그의 자살이라는 최악의 사태를 부른다(Büchner 1995. 이후 약어 'GGW'와 쪽수로 표기).

보이체크: 젠장! 그 놈이 저기 서 있었지? 이렇게, 이렇게?
마리: 하루는 길고 세상은 오래 되었지. 그래서 많은 사람들이 거기

시도하여 '차를 돌려서 오르막길로 방향을 바꾸는' 은유를 생성하였다.

한곳에 서 있을 수 있는 거야, 한 사람씩 차례차례.

보이체크 : 내가 그 자식을 보았다고!

마리: 두 눈을 갖고 장님이 아니고 해가 비친다면 무엇이든 볼 수 있잖아.

보이체크: 이 두 눈으로 분명히 보았단 말이야!

마리: (몰염치하게) 그래서 어쨌단 말이지?(GGW 169).

보이체크: (노여움을 억누르며) 계속! 계속 하라고! (격렬하게 벌떡 일어나더니 다시 의자에 털썩 주저앉는다.) 계속! 계속 하라고! (자기 두 손을 깍지 끼고) 돌아라, 얼싸안고 뒹굴어라! 왜 하나님은 태양을 꺼 버리지 않을까, 사내와 계집, 인간과 짐승 할 것 없이 모두 부둥켜 안고 오입질을 하는데! 벌건 대낮에 말이야! 손바닥 위에서 그 짓을 하는 모기들처럼 말이야. 저 년이! 저 계집년 몸뚱이가 달아올랐어, 뜨거워졌다고! (벌떡 일어난다.) 저 놈이! 저 놈이 마리 몸을 더듬고 있는 것 좀 봐! 마리를 내가 처음에 차지했듯이, 저 놈이 마리를 차지했어(GGW 174)!

마리: 달이 붉게 떠오르고 있어.

보이체크: 그래, 마치 피 묻은 낫 같지.

마리: 무슨 생각을 하고 있어? 프란츠! 당신 얼굴이 너무 창백해. (마리가 칼을 본다.) 프란츠, 안 돼! 하지 마! 살려 줘!

보이체크: 칼을 받아라, 칼을 받아! 네가 죽지 않고 배길 수 있어?

이래도! 이래도! 아직도 움찔거리네! 아직도, 아직도 아니야! 여전히! (또 찌른다.) 죽었냐? 죽었군! 죽었어! (사람들이 몰려오자, 달아난다.)(GGW 181)

보이체크는 자신의 상관인 중대장 대위의 수염이나 깎아주는 하급군인에 불과한 가난하고 힘없는 하층민이다.6) 보이체크는 그와 마리 사이에서 태어난 아이가 교회의 축복을 받지 못한 채 태어났다고 주장하는 중대장으로부터 도덕성이 결여되었다는 핀잔까지 듣는다.7) 하지만 그는 가족 부양에 헌신적인 사람이다. 군대 급여만으로는 사실혼 관계에 있는 마리와 그녀 사이에서 태어난 아이를 돌볼 수 없기에 의사에게 자신의 몸을 실험도구로 사용하도록 내던진다.8) 보이체크는 태생적 한계 상황에서 고착된 가난의 굴레와 시민계급으로 대변되는 의사로부터의 동물 취급당하기라는 사회적 억압구조에 갇혀서 본인은 물론 가족까지도 불행해지는 운명을 맞는다(임호일 2003).

마리 또한 독자들로 하여금 인간적인 연민을 느끼게 하기는 마찬가지다. 비록 불륜을 저질렀지만 그녀는 아이를 사랑하고 "단란한 가정

---

6) "Hauptmann auf einem Stuhl, Woyzeck rasiert ihn." GGW 166.

7) "aber (mit Würde) Woyzeck, Er hat keine Moral! Moral das ist wenn man moralisch ist, versteht Er. Es ist ein gutes Wort. Er hat ein Kind, ohne den Segen der Kirche, wie unser hochehrwürdiger Herr Garnisonsprediger sagt," GGW 167.

8) GGW 170-171.

에서 아내로서 남편의 사랑을 받으며 사는 것"을 꿈꾸는 평범한 여자로서 추구할 수 있는 소박한 삶을 희망한다. 마리는 텍스트에서 전반적으로 "성적 희열에 탐닉한 방탕한 여자의 모습으로 형상화되지 않고 있다(장순란 2010: 61, 55)." 마리는 군악대장과의 성적 외도 이후에 이에 대한 죄책감에 시달린다. "주여! 주여! 어찌 하오리까? 주여, 제게 기도할 수 있는 힘을 주시옵소서. (아이가 마리에게 매달린다.) 보란 듯이 대낮에 그런 짓을 하다니!"9)

이처럼 마리는 울부짖으며 회개함으로써 자신의 잘못을 통회하는 진정어린 모습을 보인다. 낮은 사회적 지위, 경제력 문제, 심지어 정신병까지 앓아서 정서적 공감조차 기대할 수 없는 보이체크로부터 마리는 여자가 본능적으로 기대할 수 있는 남성성을 아쉬워했을 것이다. 이렇듯 보이체크가 지닌 배우자로서의 악조건들은 마리의 입장에서 충분히 딴 남자에게 눈을 돌려 '우성의 남자'를 갈망케 하는 충분한 이유가 될 수 있다. 진화심리학 관점에서 보더라도 여성은 남성 배우자로부터 "최상의 유전자와 경제적 지원을 제공하는 배우자의 질을 매우 중요하게 여기기 때문이다(도기숙/김용현 2014, 47)." 마리는 근친살해라는 불행한 결말을 맞기엔 가여운 비극의 여인이다.

---

9) "Herrgott! Herrgott! ich kann nicht. Herrgot gibt mir nur soviel, daß ich beten kann. (Das Kind drängt sich an sie.) … … das brüst sich in der Sonne." GGW 178.

바보 카를: (아이를 무릎 위에 안고 있다.) 그가 물에 빠졌어. 그가
물에 빠졌어, 그렇지? 그가 물에 빠졌어.

보이체크: 아가! 크리스티안!

바보 카를: (보이체크를 물끄러미 바라보며) 그가 물에 빠졌어.

보이체크: (아이의 볼을 쓰다듬으려 하나 아이가 얼굴을 돌리며 울
음을 터뜨린다.) 하나님 맙소사!

바보 카를: 그는 물에 빠졌어(GGW 184).

외도로 인한 결과는 외도 당사자와 배우자의 불행만이 아니라 누구
보다 자녀들까지 치명적인 상처와 불행한 삶의 고통을 안긴다는 점에
서 전자와 마찬가지의 심각성을 내재한다. 보이체크와 마리 사이에
태어난 아기는 아버지에 의한 어머니의 살해, 아버지의 자살 그리고
바보의 손에 맡겨진 영아라는 점에서 현실세계에서도 흔치 않은 불행
한 결말을 맞는다.

G. 뷔히너는『보이체크』의 결말을 아이가 세상으로부터의 보호막
이 완전히 사라져 한치 앞도 내다볼 수 없는 냉혹한 현실을 맞도록
형상화하였다. 그럼으로써 독자는 외도로 불거진 극중 인물들 간의
살해와 자살이라는 극적 세계의 무거운 부담감 외에도 아이의 불행과
생존까지 걱정해야 하는 '독자로서의 선택적 책임감'을 텍스트 시공
간을 넘어 현실세계에서까지 떠안게 된다.

◦ 현실세계

국내외에서 일어나는 외도 관련 사건사례와 이에 관한 현상 연구만
을 보더라도 현실세계에서 외도로 인한 문제가 심각한 결과를 초래한
다는 사실은 긴 지면을 빌려 설명하지 않더라도 주지하는 바이다.10)
우리는 가까운 주변에서 심심치 않게 일어나는 외도 사례를 직접
듣는 경우도 흔하고, 인터넷을 비롯한 대중 매체를 통해서 외도와
그로 인한 폐해 사례들(별거, 이혼, 가정 폭력, 자녀의 정신건강 문제, 자녀의
탈선과 가출, 심지어 살인과 동반자살 등)을 끊임없이 접하며 산다. 그래서
가정문제와 남녀문제에 관한 상담심리치유의 많은 사례에서 외도,
불륜 문제가 주요한 문제로 내담자와 가족 건강의 회복을 위한 목표
로 다루어지고 있다.

앞서 『보이체크』를 통해 외도가 외도자 마리와 그녀의 남편 보이체
크의 파멸에 그치지 않고 이들 자녀에게도 불행을 미친다는 사실을
확인했던 것처럼 현실세계에서도 외도하는 부모의 자녀는 수치심,
분노, 적개심, 집착, 낮은 자존감, 대인관계의 어려움, 정서적 불안
등과 같은 결과를 떠안게 되고, 이는 분란했던 그 당시뿐 아니라 성인
기와 결혼 이후에도 끊이지 않고 나타난다는 사실을 사례 연구에서
확인할 수 있다(양유성 2002, 142-145).

---

10) 배우자 이외의 다른 사람과 일방적 또는 쌍방적으로 사랑에 빠지거나, 성행위를
하거나, 언어적, 비언어적, 정신적 사랑을 표현했다면 일시적 또는 지속적인 외
도로 간주한다(양유성 2002, 17).

더욱이 자녀가 부모의 외도 사실과 그로 인한 문제를 자각할 수 있는 청소년 시기의 자녀들이라면 영유아초등 연령의 자녀들보다 외도로 인한 악영향을 더 직접적으로 받는다. 부모의 외도가 청소년의 인지, 정서, 행동 및 대인관계에 미치는 영향에 관한 연구들을 확인해보면 이들에게서 인지적 혼란과 정서적으로 강한 우울과 분노, 두려움과 수치심 문제가 드러난다는 사실들을 확인할 수 있다(양미진/송수민 2011, 윤옥경/서은경 2014, 이미영 2011 등).

외도 관련 문제들을 종합할 때 부부 사이에서 일어나는 외도가 어떤 이유와 상황을 배경으로 하든, 자녀가 부모만이 알 수 있는 구체적인 외도 정황을 인지하든 그렇지 못하든 외도로 인한 피해는 외도 당사자와 배우자 그리고 자녀까지도 치명적이고 고통스럽게 만들 가능성이 높다는 사실이다.

만약 이러한 일을 겪은 상처 받은 이들이 어떤 방식과 과정으로든 치유를 통한 회복을 건강하게 이루어내지 못한다면 상처 받은 무의식은 의식세계에 끊임없이 작용하여 또 다른 문제들을 일으킬 가능성이 늘 있기 마련이다. 따라서 효과적이고 적절한 치유방법들을 통하여 외도 관련 문제와 상처를 해결하고 치유하는 시간이 이 문제를 겪은 이들에게 필요하다.

2.2.2 분노

◦ **문학세계**

'프리드리히 뒤렌마트Friedrich Dürrenmatt'의 희곡 『노부인의 방문Der Besuch der alten Dame』은 어느 독일문학 작품보다도 명확하고 강하게 '분노Wut'의 파괴력과 그 분노 표출 대상에 대한 응징의 끈질긴 지속성을 보여준다. 이 희곡텍스트에서 여주인공 '클레어 차하나시안Claire Zachanassian'의 분노는 그녀의 모든 가용 수단을 동원하여 전 애인 '알프레드 일Alfred Ill'을 죽음에 이르게 한다.

45년 전, 이 둘은 사랑하여 애까지 가졌지만 일은 부잣집 여자와 결혼하기 위해 차하나시안을 배반하고 친자확인소송에서 증인을 매수·위증케 하여 그녀가 '귈렌Güllen' 시민들의 조롱과 멸시를 받으며 도시에서 쫓겨나게 만든다.

그 이후로 그녀는 반세기에 가까운 기간 동안 한결같은 분노의 복수심에 갇혀 지낸다. 그녀는 매춘 생활에서 만난 엄청난 부자와 결혼을 하고 그의 사후에 유산을 상속받는다. 그리고 그녀는 경제 파탄에 빠진 귈렌 시로 다시 돌아와 시민들을 돈으로 매수하고 정의를 구현한다는 미명 아래 시민들이 일을 집단적으로 목 졸라 살해하게 만든다(Dürrenmatt 1980, 이후 약어 'BA'와 쪽수로 표기).

클레어 차하나시안: 여러분, 인간성은 백만장자들의 주머니를 위해 만들어진 말입니다. 나는 내 재력으로 세계질서를 세울 수 있습니다. 세상이 나를 창녀로 만들었으니, 나는 이제 세상을 집창촌으로 만들 것입니다. 지불 능력은 없지만 함께 춤을 추고 싶은 사람은 잠자코 기다리시오. [⋯] 돈을 지불하는 사람만이 점잖게 있을 수 있습니다. 그리고 나는 돈을 지불할 능력이 있습니다. 한 건의 살인 대가로 귈렌 시의 경제를 살려 드립니다. 자, 시체 하나면 귈렌 시에 호경기를 주겠습니다(BA 91).

교사: 갑자기 확 술이 깨는데. (그는 비틀거리며 일에게로 간다.) 당신이 전적으로 옳습니다. [⋯] 알프레드 일 씨, 나는 당신에게 무언가 근본적인 것을 말하려 합니다. (그는 일 앞에 꼿꼿한 자세를 유지해 선다. 하지만 여전히 약간은 비틀거리며) 사람들은 당신을 죽일 겁니다. 귈렌 사람들 누구도 인정하려 하지 않겠지만 나는 그것을 처음부터 알고 있었습니다. 그리고 당신 또한 이미 오래 전부터 알고 있었습니다. 당신을 살해하려는 부추임은 너무 거대하고 우리는 너무 비참하게 가난합니다. 나 또한 당신을 죽이는 일에 동조하게 되었습니다. 나는 서서히 살인자가 되는 것을 느낍니다. 인간성에 대한 나의 믿음은 무력합니다. 왜냐하면 나는 내가 주정꾼이 되고 있는 것을 알고 있기 때문입니다. 일 씨, 당신이 그렇게 두려워하는 것처럼 나도 내

자신이 무섭습니다. 나는 압니다. 한 번은 우리에게도 한 늙은 여자가 오게 되리라는 사실을 말입니다. 그리고 어느 날, 우리 모두에게 이 일은 일어났고, 이제 무엇인가 당신에게도 일어날 것입니다. 곧 말입니다. 아마도 그 시간은 얼마 남지 않았습니다(BA 103).

기자1: 대체 무슨 일입니까? […]

의사: 심장마비입니다.

시장: 너무 기뻐서 죽었습니다.

[…]

클레어 차하나시안: 시신을 이리로 갖고 와. […]

클레어 차하나시안: 시신을 벗겨 봐. (집사가 일의 얼굴을 들춰 보인다. 차하나시안은 미동도 하지 않고 오랫동안 일의 얼굴을 바라본다.)

클레어 차하나시안: 이 사람 마치 검은 표범처럼 오래 전과 같이 여전히 그대로군. 다시 얼굴을 덮어. […]

클레어 차하나시안: 관에 넣어. […]

[…]

클레어 차하나시안 : 시장님. (말없이 서 있는 뒤쪽의 남자들 대열에서 시장이 천천히 앞으로 나온다.)

클레어 차하나시안 : 수표입니다. (그녀는 시장에게 수표를 건네고 집사와 함께 나간다.)(BA 129-131)

『노부인의 방문』은 복수와 파괴를 목적으로 한 차하나시안의 분노가 옛 애인("시체 하나für eine Leiche")은 물론이고 궁극적으로는 도시 전체("집창촌zu einem Bordell")를 겨냥한 것이며 그 결말이 얼마나 인간사회에 치명적이고 비인간적인 사태를 초래하는지를 독자들로 확인케 한다. 독자들은 얼음장같이 차가운 분노의 복수를 차분히 이루어내는 차하나시안의 충격적인 언행과 그녀에게 동조하는 귈렌 시민들의 변질되어가는 모습을 섬뜩하고도 강렬하게 텍스트에서 경험할 수 있다(두행숙 2014, 152-153).

일과 귈렌 시민들이 그녀에게 행한 부당한 처사는 법적 처벌과 보상을 통해 만회되어야 할 문제이지, 도시민의 다수를 매수하여 사람을 죽이는 반인륜적인 행위로 해결할 일이 아니다. 옛 애인과 귈렌 시민에게 원한을 갚기 위한 차하나시안의 분노는 결코 개인과 사회에 어떤 긍정적인 변화도 줄 수 없이 종국에는 무자비한 죽임을 위시한 정죄, 불의, 탐욕과 같은 추악한 모습들만을 남긴다.

차하나시안의 분노가 일의 죽음을 통해 성공적으로 이루어진 채 텍스트는 종결된 것처럼 보이지만, 등장인물들이 하나같이 불행한 자들로 극화되더라도 오히려 가장 비참하고 불행한 인물은 본인의 분노를 무려 45년 동안 해결하지 않고 엄청난 증오심으로 키우고 복수를 계획하여 마침내 실행에 옮긴, 분노 발생의 원점 차하나시안이다. 그녀의 징벌은 타인에 대한 용서, 자기 회복과 타인과의 관계회복에 있지 않았기에 그녀는 자신의 분노로 인한 최대의 희생자가 되어 도시를 떠나게 된다.

극중 여주인공 차하나시안의 사례에서 보듯이, 파괴적이고 부정적인 분노의 가장 큰 특징은 강한 증식력과 전염성이다. 분노의 시작이 개인 대 개인 간의 문제, 소소한 잘못, 오해, 소통의 부재 등에서 발생하는 경우라 하더라도, 차하나시안처럼 분노를 적절한 방법으로 해결하지 못해서 분노의 늪에 빠지게 되면 증오심은 점점 사람의 합리적인 판단력, 내적 자제력, 올바른 해결 모색을 어렵게 만든다.

더욱이 사람이 분노에 사로잡히게 되면 분노는 전이되어 주변 사람들도 분노의 새로운 대상자로 삼고 이 새로운 대상자는 다시 분노의 주체가 되는 사태로 치닫게 만든다. 분노자의 분노는 그야말로 분노를 위한 분노를 낳아 통제가 쉽지 않고 일순간에 그 주변 전체를 분노로 뒤덮거나 점진적으로 범위를 확대시키며 분노를 일으킨 첫 원인 외에 더 크고 치명적인 분노를 위한 또 다른 원인들을 재생산하는 심각성을 지닌다.

○ 현실세계

독일에서 정신요법 치유사로 활동하는 '아니타 팀페Anita Timpe'는 분노가 기쁨, 슬픔, 두려움과 같은 아주 정상적인 감정이므로 적절하게 분노를 표출해야 하지만, 많은 경우 사람들은 분노 감정을 외면하거나 대처하는 방법을 몰라 쌓아두는 경향이 있으며 이것이 계속 쌓여 악화되면 어느 순간 파괴적인 성격으로 폭발하게 된다고 한다. 그럼으로 그녀는 분노가 발생할 때는 이를 고려한 적절하고 효과적인 해결 과정과 방법이 반드시 필요하다는 점을 강조한다(Timpe 2014, 7-8).

즉, 분노와 관련하여 중요한 것은 분노를 일으킨 원인을 찾아 분석하고 제거 또는 피하는 행위도 있어야 하지만, 분노가 인간 감정으로 일어나는 자연스러운 현상이라는 점에서 분노를 어떻게 표출하며 효과적으로 다루어서 긍정적이고 발전적인 방향으로 활용하려는 노력이 분노 해결의 핵심이자 현실적인 대처라 할 수 있다.

이와 같은 관점의 '독자적 상상력Leservorstellung'을 통해 F. 뒤렌마트의 글쓰기 행위와 그 결과물 『노부인의 방문』을 아픔과 회복의 구도로 '수용Rezeption'한다면 당연히 텍스트의 극적 전개는 상이해진다. 당시 뒤렌마트의 작가적 상상력이 차하나시안의 분노를 45년간 쌓아서 복수를 이루는 전개 구도에서 이탈하여 그녀의 분노를 인물 중 누군가 '수용-공감Akzeptanz und Mitgefühl'함으로써 그녀의 이웃들이 다루고 풀어줄 수 있는가라는 대처와 실행이 텍스트에 삽입된다면, 더 나아가 '일Ill'에 대한 법적 처벌과 징계 그리고 용서를 작가가 선택했다면, 이 이야기는 상처와 치유를 중심으로 한 극적 구성을 이루었을 것이다. 텍스트 말미에서라도 차하나시안의 분노조절, 수용, 공감, 해소, 보상 중 어느 하나라도 암시되었다면, 희망으로부터 차단되어 밀폐된 텍스트는 균열했을 것이다.

『노부인이 방문』과 같은 문학세계와 마찬가지로 현실세계에서도 돈이면 다 된다는 식으로 아무런 거리낌 없이 정의와 공의를 돈과 맞바꾸는 '기괴한grotesk' 자본주의 사회현실에서, 그리고 인간이란 이런 종류의 수많은 그로테스크한 현실에서 피해 당사자가 되어 그 상처를 안고 살아갈 수밖에 없는 존재라는 점에서, 인간 분노에 대한 해결은 사회적 보상도 필요하겠지만 무엇보다도 이로 인한 분노를 어떻게 그 이웃들이 다루고 풀어줄 수 있는가라는 대처와 실행이 상처 치유와 건강한 삶을 위한 기본적이고 필수적인 행위라 할 수 있다.

그래서 단체 모임, 사적 만남, 가족 공동체 등등 우리 사회 구성원들 사이에서 이루어지는 대화와 만남에서 분노와 그 분노 주체에 대한 진정한 수용과 공감 행위가 원활하게 이루어진다면 우리 사회 전반에서 분노하는 모습들은 줄어들 것이다. 나아가 이러한 '치유적 소통'의 확산은 개인과 공동체를 더욱 건강하고 발전적으로 이끄는 요인으로 작용할 것이다. 아픔과 상처를 치유하고 이를 극복한 자들만이 그 고통의 시간 이전보다 더 성숙한 인격과 타인을 포용하는 힘을 강화할 수 있다. 이는 자신과 그 주위 사람들의 문제를 헤쳐 나가는 지혜와 기술을 그 극복의 과정을 통해 얻을 수 있기 때문이다.

3. 은유적 이야기 교육과 치유 모임 사례

3.1 모임에 대한 개괄적 소개

3.1.1 주제

모임 참여자들은 본인이 자녀 시절에 겪었던 부모님의 양육태도에 대한 주제로 모였다. 주제의 세부 사례는 참여자들에 따라 다소 상이하였다. 아버지의 폭력과 이로 인한 상처, 부모로부터 인정받지 못한 어린 시절, 엄마의 외도와 분노였다. 이 글은 이들 가운데서 '엄마의 외출과 폭발' 문제로부터 받은 상처와 회복에 관한 한 연구 참여자의 사례에 집중하였다.

이 문제를 이 글에서 다루고자 한 이유는 외도와 분노는 우리 일상에서 빈번하게 일어나는 문제들인 데다가 관련자들에게 많은 상처를 남기고 그 주변으로 2, 3차의 여러 문제들과 부작용들을 일으키는 원인이 되기 때문이다. 그럼으로 이에 대한 이해와 치유가 주요하게 다루어야 할 것이다.

3.1.2 모임 진행

모임 참여자들 어느 한 단체에 속한 이들이었다. 이 글의 모임으로 모이기 전부터 참여자들은 종종 사적인 만남을 통해 대화를 나누는 친분 관계에 있었다.

부모양육태도로 인한 각자의 개별적인 문제 상황은 상이했으나 양육과정에서 겪은 상처 난 이야기라는 공통된 분모가 모임 참여자들을 하나로 모았고, 세부 사례가 다소 상이하다는 점은 서로의 문제 상황을 좀 더 쉽게 수용하고 조언할 수 있는 이점으로 작용하여 원활한 치유를 위한 도움이 되었다.

모임 참여자들은 모임에서 은유적 이야기 창작 교육 및 치유 실행과 함께 모임의 상당한 시간을 어린이와 청소년 시절 양육과정에서 겪은 상처를 드러내고 서로가 상대를 공감하고 수용하는 기회로 삼았다.

은유적 이야기 교육과 치유 모임은 2010년 4월 초부터 8월 말까지 격주로 10회기 동안 이루어졌다. 모임 장소와 시간은 차분하고 조용한 분위기의 커피 전문점, 필자의 연구실과 집 거실에서 점심시간 전후 3시간 정도로 비교적 긴 시간 동안 진행하였다.

3.1.3 모임 구성 유형

앞서 「2) 글의 구성 및 기술 방식」에서 제시한 바와 같이 모임 과정의 주요 단계는 PRO 방식을 따랐다.11) 단, 이 글의 모임은 참여자에 대한 은유적 이야기 교육(아래 '(5) 교육 활동'도 포함하여 진행한다는 점에서 주로 치유만으로 이루어지는 사례들과 차이가 있다.

이 과정을 포함한 이유는 참여자들이 이 글을 위한 관련 도서를 확인함으로써 효과적이고 원활하게 모임을 진행하고 나아가 모두 자녀가 있는 어머니들이라는 점에서 본인은 물론이고 모임 이후에 자녀들을 위한 이야기를 개발하고 가정에서 아이들에게 이를 들려주는 일에 도움을 받고자 하는 바람이 있었기 때문이다.

3.1.4 참여자12)

참여자는 대학을 졸업한 기혼 여성이다. 가족으로 배우자 남편과 세 자녀가 있다.

이 모임에 호감을 갖고 참여한 계기는 동료 참여자들과 함께 부모

---

11) 각주 2번을 참조하시오.
12) 이 모임이 치유만이 아니라 교육도 목적으로 한다는 사실과, 필자가 전적으로 치유자의 위치에서 모임을 주도하는 형태가 아니라는 점에서 내담자라기보다는 함께 이야기를 개발하고 치유하는 모임 참여자, 모임 동료라는 명칭을 사용한다.

양육태도와 관련한 모임 시간을 가질 수 있다는 점과 결혼 이전부터 혼자서 일기쓰기와 동화쓰기를 지속적으로 수행한 경험을 살리고 싶은 동기 또한 유발되었기 때문이다.

모임 초반부에서 참여자가 드러낸 이야기들에서 두드러진 주요한 문제는 과거 어린 시절 친모의 외도 사건과 청소년 시절에 이르기까지의 어머니의 분노(소리 지르기, 다툼, 매질) 문제였다.

외도 : 90년 대 초반까지 여전히 가부장적인 한국사회에서는 '아버지들의 주사와 바람' 문제가 가정문제의 단골 격이라는 점에서, 참여자가 이를 30년 전에 겪은 일이라는 사실에서 참여자 친모의 외출 문제는 모임 참여자들에게 뜻밖의 이야기였다.

어린 자녀일수록 부모의 세심한 보살핌이 필요한데 당시 참여자가 겪었던 어머니의 잦은 밤 외출과 언행에 의한 상처는 어린 시절 한때 씁쓸했던 기억 정도로 넘길 수 없는 문제로 남아있었다.13)

분노 : 참여자가 어머니의 분노 원인이 무엇인지는 밝히지 않았다. 참여자가 명확하게 그것이 무엇인지 알 수 없기에 그럴 수도 있고 구체적인 상황을 밝히는 것이 자신에게 고통스러운 과정이기 때문에 꺼려했을 수도 있다.

---

13) 참여자 어머니의 잦은 밤외출이 어떤 성격과 어느 수위의 외도인지 아니면 말 그대로 잦은 밤외출에서 그쳤는지는 당시 초등학교 저학년 나이였던 참여자로 서는 확인할 방법이 없었지만 성인이 된 시점에서 돌이켜보면 어머니의 화사한 밤외출이 아버지의 교대근무에 맞춰 지속적으로 이루어졌다는 점은 참여자에게 적지 않은 스트레스였다.

그녀가 모임에서 드러낸 사실들만 보면 친모의 분노 표출이 한두 대가 아닌 '손에 잡히는 대로', '온몸 닥치는 대로' 맞았고 빈번했다는 점이다. 필자가 이러한 사실과 여러 진술을 들었을 때 그녀에게는 이 문제에 대한 지속적인 해결과정이 필요해보였다.

3.1.5 교육 활동

은유적 이야기 교육과 치유를 위해 아래의 도서들을 활용하였다.

『부모가 아이를 화나게 만든다』
모임 사전에 부모와 자녀 간에 발생하는 어린이와 청소년 시절의 다양한 문제 상황을 확인함으로써 참여자는 본인의 경우를 점검했다. 활동 내용으로 독서와 발표 과정을 가졌다.

『심리학이 어린 시절을 말한다』
모임 초반부에 참여자의 어린 시절을 심도 있게 탐색하여 문제의 원인을 확인하고 해결 방법을 스스로 찾아보는 시도를 하였다.

『마음을 치유하는 101가지 이야기』
모임 중반부에 치유 목적의 은유적 이야기의 기능, 개발방법을 학

습하였다. 책의 제1부에서 제시하는 은유적 이야기의 치유적 기능
및 치유 기술과 관련한 내용을 학습하였다.

『이야기로 치유하기』

모임 중반부에 진행하였다. 은유와 은유적 이야기의 치유적 활용 방법
과 사례를 학습하였다. 은유, 은유적 이야기 치유에 관한 전문가 수준의
이론적, 기술적 내용 및 치유 사례를 확인하였다(임춘택 2015, 187).

3.1.6 치유 활동

연구 참여자의 치유를 위해 이루어진 과정과 방법을 나눔, 교육,
창작이라는 세 영역으로 구분하여 다음과 같이 볼 수 있다.

나눔

참여자들은 모임에서 본인의 과거 어린 시절, 청소년 시절 가정사
에 얽힌 문제의 이야기를 조심스레 또는 스스럼없이 나눔으로써 묻어
두고 쌓였던 감정을 드러내어 마음을 해소하였다. 모임 참여자들은
서로의 이야기를 진지하게 듣는 것과 동료의 아픔은 함께 울어주고
행복했던 과거는 함께 웃어주었다. 모임은 라포르가 비교적 잘 형성
되어서 서로를 이해하고 수용하고 공감하는 분위기, 태도, 대화를

통해 동료의 마음에 난 상처를 감싸 안는 치유의 시공간이 되었다.

교육

은유적 이야기치유와 부모양육태도 관련 도서를 읽고 학습하는 시간은 참여자에게 본인의 문제를 객관적이고 거리감을 두고 확인할 수 있는 기회를 제공하였다. 은유적 이야기치유에 관한 개념 이해, 사례 확인, 개발 방법 학습을 비롯하여 부모양육태도 관련 상담치유 사례 등을 확인하는 일련의 학습과정은 참여자로 하여금 본인의 문제 이야기를 해결하기 위한 긍정적인 시각과 자세를 갖게 하고 문제 해결과 희망적인 삶을 위한 교육과 치유과정이 되었다.

창작

연구책임자와 동료 참여자들은 모임 초·중반부 기간을 통해 확인한 동료의 문제 상황과 이를 해결하는데 필요한 개발 가능한 자원들을 이용하여 치유 목적의 은유적 이야기를 해당 참여자를 위해 창작하였다(#1 「딸은 좋다」, #2 「우리 엄마」[14] 등). 은유적 이야기 창작, 수정, 완성

---

14) 해당 연구 참여자를 위해 모임 참여자들이 생산하여 본 연구에서 제시한 작품인 「딸은 좋다」, 「우리 엄마」는 서사시처럼, 형식은 시적이고 내용은 서사적인 것이 특징적이다. 이야기 시(narrative poem)가 시적 표현으로 독자에게 강한 인상을 남기면서도 이야기라는 특징으로 사건 제시가 가능하다는 점에서, 이 연구 참여자의 현실 문제를 근거로 창작된 두 작품 「딸은 좋다」, 「우리 엄마」는 치유 지향적인 내용을 담은 '시적 양식의 이야기'에 해당한다.

그리고 이를 상호 간에 읽어주고 들어주는 치유의 시간을 가졌다.

3.1.7 회기별 활동 요약

10회기 주요 활동 내용이다.[15]

회기		활동 내용
초반부	1	· 모임 의도와 목적 소개, 진행 일정과 과정 확인 · 설문지 작성 내용 확인 · 『부모가 아이를 화나게 만든다』 도서 확인을 통한 각자의 이야기 나눔과 공감
	2	· 『심리학이 어린 시절을 말한다』 도서 확인을 통한 각자의 이야기 나눔과 공감, 부모양육태도와 관련한 어린이, 청소년, 성년 시절 소개 ⅰ
	3	· 『심리학이 어린 시절을 말한다』도서 확인을 통한 각자의 이야기 나눔과 공감, 부모양육태도와 관련한 어린이, 청소년, 성년 시절 소개 ⅱ
중반부	4	· 부모양육태도와 관련한 어린이, 청소년, 성년 시절 소개 ⅲ · 『이야기로 치유하기』 도서에 나온 사례 확인과 방법적 적용 가능성 모색 ⅰ
	5	· 부모양육태도와 관련한 어린이, 청소년, 성년 시절 소개 ⅳ · 『이야기로 치유하기』 도서에 나온 사례 확인과 방법적 적용 가능성 모색 ⅱ · 연구 참여자의 문제 설정과 자원 개발 ⅰ
	6	· 부모양육태도와 관련한 어린이, 청소년, 성년 시절 소개 ⅴ · 『마음을 치유하는 101가지 이야기』(제1부) 도서 확인을 통한 은유적 이야기의 치유적 기능과 치유 기술 확인 ⅰ · 연구 참여자의 문제 설정과 자원 개발 ⅱ
	7	· 『마음을 치유하는 101가지 이야기』(제1부) 도서를 통한 은유적 이야기의 치유적 기능과 치유 기술 확인 ⅱ

---

15) 치유 활동을 나눔, 교육, 창작 영역으로 구분하여 기술한 '⑥ 치유 활동'을 '⑦ 회기별 활동 요약'에서는 회기별 활동 내용에 맞춰서 표로 제시하였다.

		· 연구 참여자의 문제 상황에 맞춘 해결 중심의 치유 목적 · 이야기 개발과 수정, 보완 i
	8	· 연구 참여자의 문제 상황에 맞춘 해결 중심의 치유 목적 · 이야기 개발과 수정, 보안 ii
	9	· 개발한 이야기 낭독, 소개, 소감, 동료 간 이해
후반부	10	· 모임 정리 및 후기 작성

3.2 모임 회기의 과정 제시

이 절에서는 '엄마의 외출과 폭발' 문제를 안고 있는 참여자의 사례
를 제시한다. 필자는 회기 상황에서 있었던 주요 사실들을 중심으로
이 절을 기술하였고 치유 목적의 은유적 이야기 개발 과정과 실행은
앞서 '1. 들어가는 말'에서 밝힌 바와 같이 아래처럼 '제시된 문제-개
발된 자원과 적용-나타난 결말'에 맞춰 기술하였다.

회기 초반부: 참여자로부터 제시된 문제
엄마의 과거 외도와 분노로 인한 상처와 슬픔, 참여자 본인 자녀와 남편에게 고함지르기 등

회기 중반부: 참여자와 그의 이야기로부터 활용 가능한 자원과 적용
인간관계에서의 씩씩한 태도, 어린 시절 어른들부터 인정받았던 모습, 비교적 부유했던 어린 시절, 현재 충실하고 안정적인 부부관계와 경제생활, 기억 속 상처의 소리 '찰칵!' 등

회기 후반부: 참여자에게 나타난 결말
참여자를 수용·공감해준 모임에서 상처를 발설하고 해소한 시간, 관점의 전환을 통한 엄마에 대한 이해와 수용, 슬픔에 갇히지 않고 담담하게 과거를 수용하는 자세 등

3.2.1 회기 초반부

참여자는 회기 시작 전 모임 제안 과정에서 본인의 과거 이야기가 밝혀지는 것이 한편으로는 부담스러워서 잠시 참석을 주저하였다. 그러나 본인의 자녀들을 생각하여 자신부터 교육과 치유 과정을 경험하고 이를 통해 아이들을 위한 양육태도와 은유적 이야기 학습에 도움 받기를 바라는 마음으로 모임에 참석하기로 결심했다.

참여자는 회기 초반부에 모임 취지와 모임의 목표, 모임 진행 방식, 모임의 주요 활동 내용 등을 필자로부터 제공받는 것으로 회기를 시작하였다. 점차적으로 그녀는 아이들을 키우는 어머니의 입장에서 본인이 어떠한 양육과정을 겪었는지를 동료들과 공개적인 상황에서 확인하기 원해갔다. 그녀 또한 여느 부모들과 마찬가지로 본인의 친부모로부터 받은 건강하지 못한 양육태도가 자신으로부터 어린 아이들에게 대물림이 되기를 원하지 않았기 때문이다. 참여자는 설문조사와 모임의 분위기가 서서히 무르익으면서 하나 둘 문제의 이야기들을 꺼내기 시작했다.

∘ 설문지 항목 V-1

– 나의 부모님은 어떤 분이셨는지 적어봅시다.

(친절, 관대, 넉넉함, 배려, 사랑, 아쉬움, 안타까움, 고통, 상처, 무관심 등등)

기본적으로 선하고 좋은 분들이시고, 나를 위해 헌신적인 삶을 사셨다고 생각은 하지만 자녀를 동등한 인격체라기보다는 성인이 될 때까지도 마냥 어린아이라고 생각하신 것 같아요. 그래서 내가 스스로 할 수 있고 할 일들에 대해서도 잔소리가 많았고, 선하지만 다듬어지지 않은 성품으로 인해서 나와의 문제 발생 시에 감정적으로 대처하시는 경우가 많았어요. 나 때문에 속상하거나 분노하시는 경우에 나의 감정은 배려하지 않고 당신의 감정에 먼저 충실하신 경우가 많았어요. 그런 양육태도들이 내 안에도 오롯이 남게 되어 지금의 내 자녀에게도 그런 식의 반응이 자동반사적으로 나오는 것 같아요.

설문지 작성에 이어서 모임 초반부에 참여자의 교육과 치유를 위해 함께 읽은 책은 U. 누버의 『심리학이 어린 시절을 말한다』였다. 이 책의 앞부분은 세계적인 유명인이지만 어린 시절 가정환경이 불우하고 학대 받던 이들을 소개하고 있다. 참여자는 이들이 대중으로부터 관심과 사랑을 받았던 것과 달리 본인들 스스로가 느끼는 인생 여정은 결코 행복하지도 쉽지도 않았다는 사실을 이 책을 통해 확인하였다. 참여자는 이 책을 읽고 모임에서 대화를 나누는 과정에서 본인의 어린 시절에 겪었던 상처 난 이야기가 어떠한지를 구체적으로 밝히기 시작했다.

외도

(마치 이때를 위해 참았던 감정인양 연구 참여자는 엄마라는 말과 함께 주최할 수 없는 눈물을 비탄한 심정과 함께 모임 과정에서 쏟아냈다.) 엄마는 우리들만 남겨두고 저녁에 예쁘게 단장을 하고 종종 외출을 했어요. 어떻게 어린 딸 둘과 아직 아기였던 아들을 남겨두고 외출을 할 수가 있죠? 엄마가 음식을 식탁에 수북이 쌓아놓으면 저는 직감적으로 그것이 무엇을 의미하는지 알고 점점 불안해졌어요.

"찰칵!"

현관문을 열쇠로 밖에서 잠그는 소리예요. 그 소리가 아직도 생생하게 제 귀에 울려요. 찰칵!

그리고 그 소리가 제 마음에 여전히 금을 내기에 모임에서도 말하고 있잖아요. 그 소리를 들을 때마다 절망이고 내 마음도 닫히는 순간이었어요. 그때 생각을 하면 너무 괴로워요. 그 당시는 집안의 문간방에 세를 놓고 많이들 살았잖아요. 저희는 한옥도 아니고 아파트에 살았는데도 방 한 칸을 세를 주었어요. 남자 청년이 살 때, 그러니까 아빠가 야근을 하시고 엄마가 문제의 외출을 하시면 저희 세 남매는 그 아저씨와 함께 있었던 거예요. 정말 어이없지 않아요? 그 당시는 몰랐지만 다 커서 가끔 그때 생각이 나면... 엄마에게 정말 뭐라 말할 수 없는 배신감을 느껴요. 어떻게 그럴 수 있나요? 당신 자식들에게 너무 무책임하고 매정한 거 아닌가요?

분노

어릴 때 많이 맞았어요. 엄마한테 대들면 그 날은 매 맞는 날이에요. 매라는 것도 정해져 있지 않았어요. 엄마가 분노하면 그 자리에서 맞았어요. 엄마 주변에 있는 물건은 잡히면 매가 되는 거예요. 엉덩이, 손바닥 이런 거 없어요. 몸 전체를 마구 얻어맞았어요. 이런 엄마의 영향 탓인지, 정말 저도 본능적으로 감정을 표현해요. 아이들에게 소리를 지르고 한대 쥐어박고... 금방 후회할 것을 순간을 참지 못 하고 화를 내요. 우리 엄마도 그랬어요.

우리 엄마는 참 예뻐요. 지금 60세 넘은 할머니인데도 누가 봐도 예쁘다고 해요. 그런데 이 예쁜 얼굴과 달리 고래고래 고함을 지르고 나와 내 동생들에게 화내고 손찌검을 했어요. 아주 어릴 때는 그런 엄마가 무서웠는데 좀 커서 사춘기가 되었을 때는 그런 엄마가 참 무식해보였어요. 그래서 엄마가 내게 화를 낼 때면 속으로 '엄마는 참 무식한 여자'라고 생각했어요.

그런데 말이죠. 엄마가 된 제가 우리 엄마가 했던 것과 똑같이 제 아이들한테 하고 있어요. 내가 소리를 지를 때마다 우리 아이들은 날 어떤 사람이라고 생각할까? 앞으로 어떤 사람이라고 생각하게 될까? 걱정이에요.

앞 장의 G. 뷔히너의 『보이체크』에서 외도로 인한 한 가정의 극단적인 결말과 실제 현실에서 일어나는 외도 사례를 보여주는 연구들에서 외도로 인한 피해는 외도 당사자들만이 아니라 자녀에게까지 부정적인 영향을 미친다는 사실을 확인하였다. 참여자도 과거 한 시절 엄마의 외도로 인하여 마음에 적지 않은 상처를 받았다. 이처럼 부모의 외도는 그 자녀들까지도 쉽게 지울 수 없는 상처와 고통을 주게 된다.

분노 또한 적절하게 다루는 과정 없이 방치하고 쌓아 놓으면 분노 주체와 대상자를 어떻게 파괴하는지 F. 뒤렌마트의 『노부인의 방문』

에서 확인하였다. 참여자가 엄마에 의해 어린 시절부터 성인에 이르기까지 당한 분노로 인한 피해는 그녀의 마음에 상처를 낼뿐 아니라 자녀들에게까지도 부정적인 양육태도와 행위로 이어짐으로써 가계 (家系) 차원의 행복과 안녕에까지도 악영향을 미칠 수 있다는 사실 또한 참여자의 진술에서도 알 수 있다.

3.2.2 회기 중반부

회기 중반부는 참여자가 쉽게 누구에게 밝히기 어려워서 가슴에 안고 있던 응어리진 이야기를 평소 친분 관계에 있던 이들에게 라포르가 형성된 상황에서 꺼내놓음으로써 마음의 짐을 벗어내고 해소하는 시간이 되었다. 회기 중반부 또한 초반부와 마찬가지로 어린 시절 부모님과 함께 살아온 이야기들을 모임 참여자들과 나누는 과정을 지속적으로 진행함으로써 동료들 간의 동질감을 더욱 깊게 형성하고 부모의 양육태도를 객관적인 시각에서 분석하고 서로를 수용하고 공감하는 치유의 시간이 되어갔다.

이러한 시간과 과정을 통해 필자와 동료 참여자들로 이루어진 모임 참여자들은 해당 참여자가 밝힌 과거의 문제 이야기와 함께 이 문제를 해결하는데 유용하게 사용될 수 있는 그녀가 지닌 자원들을 확인하고 이를 활용하여 치유 목적의 은유적 이야기를 만들 수 있었다.

참여자들은 회기 중반부에 함께 독서한 『이야기로 치유하기』, 『마음을 치유하는 101가지 이야기(제1부)』를 통해 치유의 실제 사례와 치유 목적의 은유적 이야기 창작 방법을 학습하였다. 우리는 이 자료들에서 치유 사례들을 확인함으로써 내담자가 지닌 '어긋나고 절연된 이야기', '상처로 물든 심상', '대인관계의 단절과 불화' 등을 은유적 이야기 치유 전문가들이 어떻게 다루고 회복시키는지를 흥미롭게 학습할 수 있었다.

문제 해결을 위해 활용할 참여자가 지닌 자원들

어린 시절 제가 기억하는 저는 똑똑한 아이, 말 잘하는 아이었어요. 주위 사람들에게 항상 똑똑하다는 말을 많이 들었고, 중고등학생으로 성장할 동안 저는 제가 그런 사람일줄 알았어요. 물론 다 크고 보니 나는 똑똑한 사람이 아니었고 그저 어중간한 어른이 되어 있었어요. 어려서부터 특별히 못하는 것 없이 두루두루 잘 했지만, 다 크고 보니 특별히 잘 하는 것도 없었어요. 어린 시절 부모님은 그 시절 평범한 부모님들이 자녀에게 제공하던 생활환경, 교육환경 등을 제공해주셨고, 덕분에 저는 어딜 가도 빠질 게 없는 평범한 아이로 자랄 수 있었어요. 그래서 그런지 주변 사람들을 통해 받는 열등감은 거의 없어요.

어린 시절 한 번은 엄마가 아끼던 찻잔을 깨뜨렸어요. 그때도 어김없이 엄마는 저에게 소리를 지르고 야단을 쳤지요. 저는 엄마로부터 "미진아(가명) 괜찮니?" 라는 말을 듣고 싶었어요. 어린 아이가 찻잔 유리에 발을 베이기라도 하면 어쩌겠어요? 저는 야단만 치는 엄마한테 "엄마는 내가 다쳤을지는 걱정은 안 되고, 찻잔만 걱정돼?"라고 물었던 기억이 나요. 그때 이후로 사고가 나면 엄마는 내게 "괜찮니?"라고 먼저 물어주었어요. 저는 저보다 나이가 많고 지위가 높다고 해도 꼭 필요하고 해야 할 말이라고 판단하면 하는 성격이에요. 이러한 성격이 저의 특징이자 장점인 것 같아요.

참여자의 성격과 현재의 환경은 문제 해결을 위한 기초적인 기반이기도 하다. 중산층으로 부족함 없이 자란 생활환경, 원만한 대인관계, 장녀라서 그런지 사소한 일에 크게 신경 쓰지 않고 대수롭지 않게 생각하는 자세, 씩씩하여 위와 같은 불리한 상황에서도 해야 할 말, 바른 말은 하는 성격이 기본적으로 참여자가 지닌 장점이었다.

환경적으로는 참여자가 결혼으로 독립하여 한 가정을 이룸으로써 원가족으로부터 받은 문제에서 분리되어 정서적으로나 경제적으로 비교적 안정적인 삶을 산다는 것 또한 문제 해결을 위해 기초가 되는 긍정적 요소에 해당한다.

참여자가 진술한 위 문제의 이야기에서 그녀의 뇌리에 상처로 남은

소리 '찰칵'은 은유적 이야기 창작 논의 과정에서 역으로 엄마가 문을 열고 들어오는 소리 '찰칵'으로 활용할 수 있는 자원으로 활용되었다.

이와 같이 참여자가 모임에서 밝힌 그녀의 이야기를 비롯하여 성격, 환경 등이 동료들로부터 격려와 지지를 받는 자원들이 되었고 그녀를 위한 작품들을 개발하는 작업의 기반이 되었다.

아래 두 편의 작품은 모임에서 창작한 서너 편 가운데에서 선정되었다. 대상에 대한 인상을 부분적으로 표현하면서 주로 화자가 전달하고자 하는 사실들과 마음의 진실들을 상대에게 이야기로 들려주는 내용으로 창작되었다.

「딸은 좋다-엄마가 딸에게 하고 싶은 이야기」16)

사람들은 늘 말했지
그래도 아들이 최고라고
그때마다 웃음을 지었지

우리 딸 우리 딸, 딸이 최고라고
무엇과도 견줄 수 없고

---

16) 모임 참여자들은 이들이 공동으로 창작한 「딸은 좋다-엄마가 딸에게 하고 싶은 이야기」가 채인선의 작품 『딸은 좋다』에서 일부 영감을 받았음을 밝혔다.

내게 늘 기대를 주는 딸

그러나 난 부족한 사람이어서
배곯아 뻣뻣이 되어 난 딸이지만
불연 듯 참아내지 못하고 품을 수 없어
널 혈기로 치고, 도망도 치던 날들

문을 열고 나갈 때
문을 열고 들어올 때
할 말 가득 복잡한 심경 빛
무엇을 생각했는지 우리 딸

쫄쫄쫄 앞뒤 치는 새까만 눈들
애 둘 몰고 날 찾아오는 좋은 딸
하루 종일 어린 아(兒)들 데리고
할 말 가득 눈물 가득

내 먼저 말해야지
이제는 안다고 그때 몰라서 미안하다고
나와 다른 삶을 살아주는 딸이 고맙다고

딸은 좋다고

「딸은 좋다」의 치유적 의미와 모임 참여자들 간의 이해

「딸은 좋다」는 엄마의 관찰과 시점에서 엄마의 마음과 생각을 딸에게 전하는 이야기다. 외도와 분노로 딸에게 상처를 주었지만 엄마의 마음 한 편에는 딸을 사랑하는 공간도 있었음을 강조한다. 그리고 엄마도 실수하고 상처받을 수 있고 상처를 줄 수 있는 연약한 존재라는 사실을 딸이 이해해주기 바라는 마음을 담았다. 상처를 준 엄마지만 딸을 고마워하는 엄마의 시선을 강조하여 상처와 고통에 고정되고 정체된 이야기에 긍정적이며 화해를 부르는 이야기를 딸에게 전함으로써 변화와 회복을 시도하고 있다.

자식을 죽였다는 미디어에서나 접할 법한 사악한 엄마가 아니라면, '어떤 엄마가 임신하여 배 아프고 못 먹어서 난 자식을 사랑하지 않고 잘 되기를 바라지 않을 수 있을까?', 지극히 당연한 이야기지만 서로가 주고받은 상처로 인해 잃어버린 사랑과 천륜의 이야기를 딸에게 다시 찾아주려는 시도를 하고 있다.

엄마는 사실 딸이 고맙고 사랑한다는 이야기를 연구 참여자에게 들려줌으로써 그녀가 엄마에게 갖고 있는 부정적인 감정과 관점에서 벗어날 수 있도록 돕는다. 「딸은 좋다」는 참여자에게 엄마의 속마음을 확인시키고 상처로 인해 형성된 엄마에 대한 좁고 닫힌 이해의 폭을 열어줌으로써 치유적 기능과 목적으로 활용되었다.

「우리 엄마 - 딸이 엄마에게 하고 싶은 이야기」17)

우리 엄마는 굉장해요

우리 엄마는 못하는 게 없어요.

우리 엄마는 우리를 깨우세요.

우리가 일어나면 깨끗하게 단장해주시죠.

우리는 삼남매라 엄마의 아침은 쉽지 않답니다.

엄마가 해주신 맛있는 아침 식사는 우리의 심술에 뒤로 밀려나기

일쑤지요.

그래도, 그래도

우리 엄마의 아침은 항상 그 자리에 있던 무엇인가처럼 나를 편안하

게 만들어요.

학교가 끝나면 엄마에게 가요.

엄마가 집에 계실 때도 있고, 안 계실 때도 있지요.

---

17) 모임 참여자들은 모임에서 창작한 「우리 엄마 -딸이 엄마에게 하고 싶은 이야기」
가 앤서니 브라운의 작품 『우리 엄마』에서 영감을 받았음을 밝혔다.

엄마가 문을 열고 반겨주실 때면 나는 왠지 그 품에 꼭 안겨 있고만 싶어요.

엄마가 안 계실 때면 내가 하고 싶은 걸 마음대로 할 수 있다는 마음에 신나요.

엄마가 문을 열고 들어올 때면, 우리는 괜히 심술을 부려요.

그래도, 그래도

우리 엄마는 찰칵! 문을 열고 들어와 나의 기댈 곳이 되어 주시죠.

우리 엄마는 가끔 외출을 해요.

화장대에 앉은 엄마의 뒷모습은,

식탁에 진수성찬을 차려놓은 엄마의 뒷모습은,

왠지 나를 화나게 만들어요.

예쁜 우리 엄마,

요리 잘하는 우리 엄마가

현관문을 닫고 나가실 때면,

나의 마음도 꾹 잠기어 버리는 것 같아요.

하지만

엄마가 현관문을 여시는 찰칵 소리가 이내 곧 들릴 때면,

나의 마음도 활짝 열려버렸죠.
사랑하는 우리 엄마.

이제는 생각해요
그때는 내가 어린 꼬마에 불과했다는 것을.

이제는 후회해요
엄마의 뒷모습만 보고 엄마를 다 안다고 생각했던 것을.

이제는 알 것 같아요
저도 두 아이의 엄마가 되어보니
엄마에게도 엄마가 필요했다는 것을
엄마에게도 엄마가 아닌 여자로서의 삶이 필요했다는 것을.

「우리 엄마」의 치유적 의미와 모임 참여자들 간의 이해

참여자에게 절망적인 상처와 충격으로 남아 있던 이별과 어둠의 소리, 세상으로부터 단절되는 소리 '찰칵'은 은유적 이야기 「우리 엄마」에서 그 반대인 희망의 소리, 만남과 빛의 소리로 옮겨 놓아졌다. 또한 엄마의 삶에도 당시 어린 딸로서는 알 수 없었던 여자로서의 삶, 아내로서의 삶이 있었다는 사실, 상처를 준 사람의 상처를 이해하고, 엄마도 엄마로서는 강인한 존재지만 한 남편의 아내로서 여자로서는 사랑 받고 보호 받아야 하는 연약한 존재라는 사실, 그래서 여자로서 여자를 이해하기를 바라는 시각을 강조하였다.

엄마에게 상처받은 부분만 생각한다면 딸에게 엄마는 미움과 원망의 대상이 되어 외도와 분노라는 문제에 갇히고 참여자의 성장은 기대할 수 없게 된다. 이 이야기는 엄마가 상처를 주었다는 한 면만을 보고 이에 갇히지 말 것과 시야를 열어 엄마의 도움, 사랑, 보살핌이 이와 비교할 수 없이 더 많았다는 사실을 상기시켜줌으로써 엄마에 대한 고마움과 이해를 바라고 강조하고 있다. 은유적 이야기 「우리 엄마」는 서로에 대한 이해와 둘 사이 관계의 긍정적인 측면을 부각시킴으로써 참여자가 상처의 기억을 극복할 수 있도록 돕고 있다. 과거 엄마의 외도와 분노가 일상의 문제 상황에서 자신과 타인을 찌르는 가시로 작용했지만, 참여자는 관계 회복을 위해 고안된 은유적 이야기를 통해 치유와 성장으로의 기회를 경험하였다.

3.2.3 회기 후반부

회기 후반부는 모임을 정리하고 후기를 남기는 시간으로 보냈다. 다음은 참여자가 모임에 대한 소감, 치유적 효과, 배운 점, 아쉬움 점, 추가 하고 싶은 이야기 등을 기술한 내용이다.

어려서부터 고등학교 다닐 때까지 엄마와 참 많이 다퉜어요. 그러다가 대학 와서 기숙사 생활하면서부터 떨어져서 지내고 직장생활하면서 싸움이 잦아들었어요. 이제는 결혼하고 멀리 떨어져 사니까 싸울 일도 자연스럽게 거의 없어요. 제 주위 사람들만 봐도 저처럼 결혼해서 부모와 떨어져 사는 게 부모 자식 사이를 더 좋게 만들어주는 것 같아요.

한 번의 모임으로 제 문제가 모두 해결되지는 않을 거예요. 그렇다고 이 모임이 가치 없다는 뜻은 아니에요. 4개월 동안 함께 얘기하고 듣고 공감하는 시간이 저에겐 유익하고 즐거웠어요. 모임 동료 분들이 만들어준 여러 이야기들을 들을 때 저에게 참 많은 위로가 되고 과거를 달리 생각할 수 있는 기회가 되었어요. 무엇보다도 함께 상처를 감싸주고 안아주고 위로하는 시간 그 자체만으로 의미가 있었어요. 좋은 책들을 읽고 함께 서로의 어린 시절 이야기와 상처 난 이야기를 할 수 있고 들어줘서 모두에게 고마운 시간이었어요.

하지만 작품을 만드는 과정은 모임 처음에 제가 예상했던 것만큼 쉽지 않았어요. 옛날에 일기도 쓰고 문득 드는 생각들을 글로 썼던 경험이 있어서 어느 정도는 이야기를 만들 수 있을 것이라 생각했는데 막상 해보니 쉽지 않았어요. 이야기를 만들기 위해서는 더 많은 공부와 연습이 필요해요.

저와 가족의 상처와 치부를 드러내는 것이 부끄럽고 창피한 일이라

처음엔 망설였어요. 이제 모임이 끝나니까 어쩌면 엄마의 외출과 분노 문제를 모임을 통해 다루고 친분이 있는 분들과 함께 이야기하고 공감하는 시간이 필요했던 것 같다는 생각이 들어요. 저는 엄마와 같은 외출은 해보진 않았지만 아이들과 남편에게 화내고 소리 지르는 문제는 모임을 통해 학습하고 다루어본 경험을 기억하면서 점점 줄이고 싶어요.

끝으로 필자가 모임 참여자와 그녀의 친모 관계에서 받은 인상, 둘의 관계 회복 위해서 참여자에게 추가적으로 필요한 태도와 행위를 기술하는 것으로 회기를 끝낸다.

필자: 나는 이번 사례를 통해 엄마와 딸의 관계가 같은 여성이기 때문에 가족 안에서 의당 친밀한 관계에 있을 것이라는 생각이 얼마나 막연하고 피상적인 것에 불과한지를 재차 확인하였다. 참여자의 경우는 그것이 엄마의 외도로 인한 상처와 둘 사이의 전쟁 같은 싸움이었기에, 혹자들이 '어느 집안이나 부녀사이에 안 싸우는 경우를 보지를 못했어.'와 같이 웃으면서 듣는 웃기지 않는 이야기 상황과도 어울리지 않았다.

참여자가 명료하게 언급하지는 않지만 그녀와 친모 사이의 불화는 어린 시절부터 청소년 시기까지 끊임없이 지속되었다는 것을 대화들을 종합해 보아 알 수 있었고 그 당시 문제는 심각했기에 현재 해결은 쉽지 않고 오랜 시간이 걸릴 것이라는 생각이 들었다. 충격적인 사건을 경험한 사람들이 이에 대한 객관적인 접근과 묘사를 할 수 있기까지는 일정 기간이 필요한 것처럼 참여자도 사건에 대한 감정적 거리를 넓히기 위해서는 더 많은 시간과 함께, 타인에 대한 용서를 통한 자기 발전과 내적 성장을 이루려는 적극적인 노력이 필요하였다.

4. 결론

필자는 문학의 치유적 기능과 현실세계 적용이라는 주제 하에서 세부적으로는 외도와 분노 문제에 집중하여 이에 관한 문헌을 비판적으로 검토·수용하였고 이 문제와 관련한 사례를 은유적 이야기 교육과 치유를 중심으로 다루어 질적 연구방법으로 이 글을 기술하였다.

'1. 들어가는 말'에서는 문학의 치유적 기능에 대한 학술적 논의와 실제 적용의 필요성, 은유 또는 은유적 이야기를 활용한 심리치유와 문학치유의 장점과 실제 활용 상황, 그리고 이를 활용하여 글에서 다룬 외도와 분노 문제의 심각성과 해결의 필요성을 제시하였다.

이 글을 위한 문헌고찰에서는 외도와 분노로 인해 발생되는 문제들의 심각성과 적절한 해결의 필요성을 문학세계와 현실세계의 예들을 들어 제시하였다. 독일문학작품으로 뷔히너의 『보이체크』, 뒤렌마트의 『노부인의 방문』을 예로 들었고, 현실세계에서 발생하는 외도와 분노에 대해서는 관련 논문과 저서를 통해 그 현실적 정황과 심각성 그리고 해결의 필요성을 확인하였다.

은유적 이야기 교육과 치유 모임 사례에서는 '엄마의 외출과 분노 폭발' 문제와 관련한 한 참여자의 사례에 집중하였다. 참여자가 어린 시절에 겪었던 엄마의 외도와 분노 문제로 인한 아픔과 상처를 은유적 이야기 교육과 치유 모임을 통해 다루는 일련의 과정과 방법 그리고 모임에서 생산한 두 편의 글과 모임 후기를 실었다.

해당 참여자가 모임에서 구성원들과 함께 본인의 문제를 토로하고 이를 공감적으로 이해하고 수용적으로 존중해주는 기회를 제공받았다는 점 그리고 모임에서 제공하는 자료들을 읽고 논의하는 기회와 모임 참여자들이 창작한 치유 목적의 은유적 이야기를 듣고 치유하는 시간을 거쳤다는 점이 이 글이 지닌 소소한 의미가 할 수 있다.

이 글의 한계점이자 추후 사례 연구에서 보완할 것은 참여자가 회기 후반부에서 밝힌 바와 같이 치유 목적의 은유적 이야기 개발 능력을 향상시킬 수 있도록 다음 사례에서는 장기적이고 체계적인 교육과 연습 과정이 필요하다는 점이다. 더불어 참여자가 모임 이후에 이 문제를 대하는 태도 변화 또는 친모와의 관계에서 변화된 점은 무엇인지 일정한 기간을 두고 확인하는 과정이 없었던 것이 아쉬움으로 남았다. 후속 연구와 모임에서는 이를 보완하여 참여자의 문제를 모임 이후에도 적절한 방식으로 꾸준히 해결하는 과정을 추가하고자 한다.

참고문헌

고미영(2004): 이야기 치료와 이야기의 세계, 청목.

김영천(2013): 질적연구방법론 III Writing, 아카데미.

누버, 우줄라(2010): 심리학이 어린 시절을 말하다 Lass die Kindheit hinter dir(김하락 역), RHK.

도기숙/김용현(2014): 진화심리학의 관점에서 본 『보이체크』-진화심리학과 젠더사회학의 갈등을 중심으로, 뷔히너와 현대문학 42, 35-56.

두행숙(2014): 독일문학 작품 속에 표현된 '분노'의 형태와 정의에 대한 연구 -프리드리히 뒤렌마트와 한스 M. 엔첸스베르거를 중심으로, 독일어문학 64, 147-171.

번즈, 조지(편저)(2011): 이야기로 치유하기 -치료적 은유 활용 사례집 Healing with Stories: your casebook collection for using therapeutic metaphors(김춘경/배선윤 공역), 학지사.

양미진/송수민(2011): 부모의 외도를 경험한 청소년 특성에 대한 질적 연구, 청소년상담연구 19(1), 107-126.

양유성(2002): 외도의 심리와 상담 -사랑은 바람을 타고, 학지사.

윤옥경/서은경(2014): 여성의 생애사건이 여성범죄에 미치는 영향, 한국교정학회소식 62, 55-78.

이미영(2011): 아버지 외도로 인한 가정위기 속의 청소년 자녀 우울증에 대한 성경적 상담, 석사학위논문, 총신대학교.

이민용(2010a): 이야기 해석학과 이야기 치료, 헤세연구 23, 249-273.

이민용(2010b): 인문치료의 관점에서 본 은유의 치유적 기능과 활용, 카프카연구 23, 291-311.

임춘택(2015): 교육과 치료로서의 문학행위에 관한 질적 연구 –은유적 이야기 교육과 치료 모임 사례를 중심으로, 인문연구 73, 169-212.

임호일(2003): 사회심리학적 관점에서 조명해 본 뷔히너의 보이첵, 뷔히너와 현대문학 20, 5-34.

장순란(2010): 젠더연구의 관점으로 본 뷔히너의 보이첵 –극중 인물 '마리'의 죽음을 중심으로, 뷔히너와 현대문학 35, 45-72.

Büchner, Georg(1995): Woyzeck, in: Knapp, Gerhard P.(Hrsg), Gesammelte Werke, Stuttgard, J. B. Metzlersche.

Clandinin, D. Jean/Connelly, F. Michael(2004): Narrative Inquiry – Experience and Story in Qualitative Research, New Jersey, John Wiley & Sons.

Dürrenmatt, Friedrich(1980): Der Besuch der alten Dame, Zürich, Diogenes.

Hammel, Stefan(2009): Handbuch des therapeutischen Erzählens – Geschichten und Metaphern in Psychotherapie, Kinder- und

Familientherapie, Heilkunde, Coaching und Supervision, Stuttgart, Klett-Cotta.

Kopp, Richard R.(1995): Metaphor Therapy -Using Client Generated Metaphors in Psychotherapy, New York, Brunner-Routledge.

Leedy, Jack J.(2009): Prinzipien der Poesietherapie, in: Petzolt, Hilarion G., Orth, Ilse(Hrsg.): Poesie und Therapie -Über die Heilkraft der Sprache, Bielefeld, Sirius.

Lindemann, Holger/Rosenbohm, Christiane(2012): Die Metaphern-Schatzkiste systemisch arbeiten mit Sprachbildern, Göttingen, Vandenhoeck & Ruprecht.

Priebe, Kathlen/Dyer, Anne(Hrsg.)(2014): Metaphern, Geschichten und Symbole in der Traumatherapie, Göttingen, Hogrefe.

Schneider, Birgit(2009): Narrative Kunsttherapie -Identitätsarbeit durch Bild-Geschichten, Ein neuer Weg in der Psychotherapie, Bielefeld, transcript.

Timpe, Anita(2014): Ich bin so wütend! -Nutzen Sie die positive Kraft Ihrer Wut, Norderstedt, Books on Demand.

학습자 스토리텔링 활동

제2장 엄마의 화려한 외출과 폭발
어머니의 잦은 '외출'과 분노로 상처받은 자녀들

1. 글 요약하기

(이 글에서 가장 인상적인 내용부터 시작하여 요약해보자. 모둠별로 활동을 진행해도 좋다.)

2. 어머니와 함께했던 가장 인상적인 장면 또는 장소를 떠올려보시오.

3. 어머니는 나에게 어떤 존재인가?

4. 어머니를 어떤 단어에 빗대어 표현해보시오. 은유적 표현이 좋습니다.

5. 나는 어머니와의 관계가 어떠한가?

6. 혹시 어머니께 서운한 사건이 있으면 기술해보시오.

7. 어머니는 아버지를 비롯하여 가족과 주변 사람들에게 어떤 존재인가?

8. '엄마의 화려한 외출과 폭발'에서 치유 목적의 스토리텔링 교육과 치유 모임의 예를 확인하였다. 이 예와 학습자 활동지를 참고하여 개인이나 모둠으로 이와 같은 과정을 진행해보자.

제3장

제주, 유배지인가? 치유의 장소인가?
추사 김정희의 치유적 글쓰기와 치유 스토리텔링 콘텐츠 창작 활동

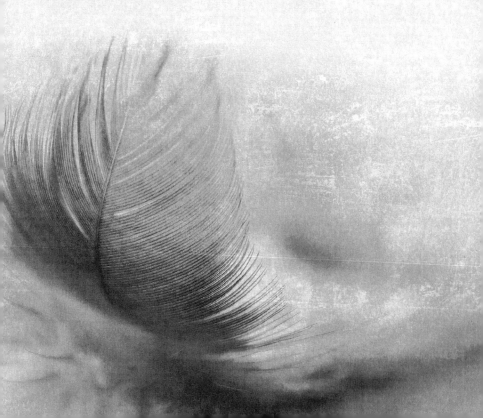

1. 들어가는 말

인간은 본능적으로 타인과 소통하며 살아가도록 만들어진 존재다. 인간은 말, 글, 몸짓 등을 통해 타인을 비롯한 모든 만물과 소통한다. 타인과의 소통을 통해 자신의 정체성을 찾아가기도 하고 남을 이해하기도 한다. 그 중에서도 문자 기호 체계로 이루어지는 글쓰기 소통 방법은 생명체 중에서 인간만이 유일하게 특권적으로 누릴 수 있고 발전시킬 수 있는 소통 매개체에 해당한다. 인간은 글쓰기를 통해 그 전달자인 자신과 타인을 위한 문자 텍스트를 능숙하게 다루고 생산할 수 있는 것이다. 그래서 만약 문명화된 사회에서 특정인에게 글쓰기를 제약한다면 당사자에게 이는 삶에 심각한 문제로 작용할 것이고 결국 그의 존재 의미까지도 상실하는 결말을 낳는 원인이 될 수 있다.

조선시대는 정계와 학계 인사들에게 유배로 점철된 시대라 해도 과언이 아닐 정도로 유형(流刑)이 많았다. 유배형은 유배인에게 평소 행하던 소통 환경을 차단하는 형벌 요소를 포함한다. 정계의 고위 관료나 명망 높은 학자들이 갑작스레 닥쳐서 치러야 하는 유배는 소통의 단절 측면에서만 보더라도 이들에게 커다란 고난임에 분명하다. 정계와 학계에서 활동하면서 능숙하고 깊이 있으며 전략적 언어 구사에 탁월했을 이들이 고립된 유배지에서 마주한 답답함과 막막함이란 경험해보지 않고서는 알 수 없는 처절한 고통이었을 것이다. 그래서 유배인은 급작스럽게 대면하는 유배지에서 말을 통한 속 시원한 소통이 불가능하므로 자연스레 글쓰기를 통한 소통에 집중할 수밖에 없었다. 그럼으로 오히려 유배는 이들에게 유배 이전보다 더 글과 가까워지는 특수한 상황에 이르게 하였다.

추사체(秋史體)와 세한도(歲寒圖)로 대중들에게도 잘 알려진 추사(秋史) 김정희(金正喜, 1786-1856)는 조선 후기를 대표하는 지성이자 정치권력의 중심에 있던 인물이다. 추사는 그의 증조부 김한신(金漢藎)이 영조의 사위였고 조선 후기 북학파 박제가(朴齊家)로부터 교육을 받았으며 병조참판과 형조참판까지 지낸 고위 관료이자 학자였다.

그러나 그는 헌종(憲宗) 6년 윤상도(尹尙度) 옥사(獄事)에 연루되어 1840년 9월 4일 한양을 떠나 제주에 유배되었다가 이로부터 8년 3개월이 지난 1848년 12월 6일에 해배된다. 추사에게 대정현(大靜縣)에서의 위리안치(圍籬安置)는 표면적으로는 절망적인 형벌이었으나 공교롭게도 결과적으로 그에게 시(詩), 서(書), 화(畵)에서 자신만의 독창적인 학문·예술 경지를 완성할 수 있고 인격적으로도 겸손하고 성숙할 수 있는 시기가 되었다.1)

유배 최고형인 절해고도(絶海孤島)에서의 위리안치라도 유배인에게

---

1) 양진건 지음, 『제주 유배길에서 秋史를 만나다』, 서울, 푸른역사, 2011., 이호순, 「추사 김정희의 서·서·화 연구 -제주도 유배시기를 중심으로-」, 경희대학교 현대미술연구소, 『논문집』 7권, 2004, pp. 120-137.

글 읽기와 쓰기를 금하지 않았던 것은 추사 본인은 물론이고 그를 아꼈던 당시 사람들 그리고 우리 후손들에게 불행 중 다행한 일임에 분명하다. 만약 학문과 식견이 높았던 추사에게 유형이 독서와 집필 까지도 금지하는 벌이었다면 혹독한 고문과 곤장으로 만신창이가 돼 지냈을 제주 유배는 그에게 시간이 갈수록 극복하기 힘든 형벌이 되어 생을 달리하게 만들었을지도 모를 일이다.[2] 그만큼 유배에서 문학, 편지, 서예, 그림과 같은 표현 행위를 통한 심정 표출과 소통은 추사와 같은 당대 최고의 석학에게는 절망적이고 고단했을 삶을 지탱 하고 심신을 유지, 회복하는 필수 요소가 되었음이 자명하고 나아가 유배 이전보다 새롭게 발전한 사고 지평을 경험하고 학문적 완성을 이루는 과정이 되었다.[3]

---

2) 추사는 글쓰기가 그의 육체를 지치게 한다고 하여 '여러 날이 지나서야 비로소 붓을 들어 글을 쓸 수 있었다.'는 말도 하였다. 그러나 제주유배시기 글쓰기가 추사에게 유배 생활을 하는데 치명적인 행위이거나 마지못해 해야 하는 일이 아니다. 오히려 글쓰기를 통해 추사는 성취감, 심적 안정감, 고통의 발산, 고 통의 예술적 학문적 승화, 가족과 지인 간 소통의 기쁨이라는 치유과정을 얻고 누릴 수 있었다. 추사는 글쓰기로 인해 다소간의 육체적 피로를 느꼈지만 그는 이와 비교할 수 없이 많은 것들을 글쓰기 과정과 결과 모두에게 얻을 수 있었다.
3) 참조 "갇혀있으면서도 갇혀있지 않았던 사람이 추사였던 것이다. 유배는 현실적 인 억압이다. 유배인들의 삶을 질식시킨 것이다. 그러나 인간은 갇혀있는 세계 속에서 끊임없이 탈출을 꿈꾼다. 그러기에 유배인들 가운데는 갇혀있으면서 갇 혀있지 않았던 사람들이 많이 있다. 실제로 유배지 인근을 비교적 자유스럽게 다니기도 했지만 그들은 무엇보다 문학 창작을 통해 유배의 고초와 고독감을 잊기도 했다. 이렇게 만들어진 것이 바로 유배문학이다. 타향에서 기약 없는 해배 소식을 기다리며 살아가는 생활중에 느끼는 특유의 심리 상태가 어우러져 만들어진 이 작품들을 통해 유배인들은 갇힌 세계 속에서 열린 꿈을 꾸며 끊임 없이 유배지에서 탈출을 시도했던 것이다." 양진건 지음, 『앞의 책』, p. 243.

추사의 제주 유배와 관련한 선행 연구는 크게, 문헌고찰을 통한 학문중심연구와 이를 기반으로 한 응용, 실제중심연구로 구분하여 볼 수 있다. 전자에는 추사가 제주 유배지에서 남긴 시, 서, 화 작품들을 대상으로 한 그 의미 분석과 유배(지)와의 관련성 그리고 추사가 제주 교육에 끼친 영향 등이 있다.4) 후자는 최근 들어 나타나는 연구 경향들로, 스토리텔링, 관광, 디자인, 차치유 등 다양한 영역과 주제에서 추사의 제주 유배에 대한 실용적 적용을 중심으로 이루어지고 있다.5)

---

4) ① 시, 서, 화를 중심을 한 그 의미 분석과 유배(지)와의 관련성: 양순필, 「제주유배문학 서설」, 제주대학교, 『논문집』 10, 1979., 김태수, 「秋史의 流配詩 研究」, 근역한문학회, 『한문학논집』 10권, 1992., 정후수, 「秋史 金正喜의 濟州島 流配生活」, 『한성어문학』 한성어문학회, 15권, 1996., 조규백, 「秋史 金正喜의 濟州島 流配 漢詩文에 담긴 문학세계 탐색 -중국문인 蘇東坡와 관련하여-」, 한국외국어대학교 중국연구소, 『중국연구』 제32권, 2003., 이호순, 「秋史 金正喜의 詩·書·畵 研究 -제주도 유배시기를 중심으로-」, 경희대학교 현대미술연구소, 『논문집』 7권, 2004., 김현권, 「추사 김정희의 묵란화」, 한국미술교육학회, 『한국미술사교육』 19호, 2005., 부영근, 「秋史 金正喜의 濟州 流配詩 考察」, 영주어문학회, 『영주어문』 11권, 2006. 등등
    ② 제주 교육에 미친 영향: 양순필, 양진건, 「秋史의 濟州 教學活動 研究」, 제주대학교 탐라문화연구소, 『탐라문화』 6권, 1987., 양진건, 「秋史 金正喜의 濟州流配 教學思想 研究」, 제주학회, 『제주도연구』 9권, 1992., 양진건, 「제주유배인의 독서활동이 제주교육에 미친 영향에 관한 연구」, 한국교육사학회, 『한국교육사학』 25권 1호, 2003., 양은숙, 「추사 김정희의 사제관계에 대한 제주교육사적 의미」, 제주대학교 교육행정 석사학위논문, 2012. 등등
    ③ 기타: 강주진, 「僻派家門 出生의 秋史 金正喜: 秋史의 濟州 流配動機를 중심으로」, 제주대학교 탐라문화연구소, 『탐라문화』 6권, 1987., 안외순, 「추사 김정희와 윤상도 옥사, 그리고 정치권력」, 한서대학교 동양고전연구소, 『동방학』 28집, 2013. 등등
5) 현명관, 장애란, 「제주유배문화를 활용한 텍스타일 디자인: 추사 김정희 전각의 조형적 특성을 중심으로」, 한국디자인트렌드학회, 『한국디자인포럼』 37권,

이 가운데서도 김진철, 양진건의 「유배문화 스토리텔링 연구—제주유배문화 스토리텔링 사례를 중심으로」(2015) 논문은 다크투어리즘, 유배문화, 치유를 중심으로 그 실천 사례를 제시하고 있어서 본 연구에서 비판적 검토와 수용이 가능한 선행연구에 해당한다. 이 연구에서는 유배문화를 '다크투어리즘dark tourism' 관점을 적용하여 유배인의 자기 극복 스토리를 통한 그 긍정적 가치 도출을 비롯하여 삶의 회복을 위한 치유 과정으로써의 유배 가치를 인식하는 방법을 논하고 있다.

이전 연구들에서는 제주유배시기 추사 글쓰기의 본인 치유 기능에 관해서 부분적이고 부수적으로 언급하는 정도에 머물렀지만 본 연구는 추사가 유배라는 특수한 상황에서 그의 글쓰기가 심신을 치유하는 데 빼놓을 수 없는 치유 과정이었고 이를 현실에서 활용하기 위한 구상안을 마련하는 주제라는 점에서 의미가 있다.6)

2012., 양진건, 「제주유배문화의 스토리텔링 콘텐츠적 성과: 추사 김정희를 중심으로」, 제주발전연구원, 『제주발전포럼』 44호, 2013., 유진경, 「조선후기 유배지에서의 차치유에 관한 연구 -茶山과 秋史를 중심으로-」, 원광대학교 예문화와 다도학과 석사학위논문, 2013., 김진철, 양진건, 「유배문화 스토리텔링 연구 -제주유배문화 스토리텔링 사례를 중심으로-」, 인문콘텐츠학회, 『인문콘텐츠』 36호, 2015. 등등

6) 문곡(文谷) 김수항(金壽恒)의 유배시를 치유 관점에서 해석한 연구로 안말숙의 「치유로서의 문곡 유배시 연구」(2014)가 있다. 이제까지의 유배 관련 연구에서는 그 해당 연구주제를 다루면서 부수적이고 부분적으로만 유배인이 쓴 글에서 그들의 비통한 심정을 헤아리거나 그 고통의 문학적 승화를 언급하는 정도였다면 이 연구는 유배문학을 치유를 중심주제로 다루었다는 점이 이전 연구와의 차이라 할 수 있다. 그러나 이 연구는 문곡의 유배시를 치유 관점에서 연구자가

필자는 추사 및 치유 관련 선행 연구들을 참고하거나 비판적으로 검토하여 다음과 같은 관점과 내용으로 연구를 구성한다. 이 글은 크게 두 부분으로 나누어 이루어진다. 첫째, 2장에서 필자는 추사 김정희가 제주유배시기에 썼던 다수의 한시와 서한문 가운데에서 몇 편을 선별하여 이를 '치유적 글쓰기therapeutic writing' 관점에서 '조명'하고자 한다. 둘째로, 3장에서는 2장에서 이루어진 연구(2.1 심적 괴로움의 발산, 2.2 절망에서 희망으로의 관점 변화, 2.3 타인과의 지속적인 소통)를 기반으로 2장의 각 절에 상응하는 치유 스토리텔링 콘텐츠 (3.1 감정을 표현하는 치유적 글쓰기, 3.2 내적 심상을 다루는 치유 목적의 은유적 글쓰기, 3.3 타인과의 소통을 위한 치유적 글쓰기)를 구상하여 현재 조성되어 운영 중인 제주유배길 프로그램에서의 활용 가능성을 개괄적으로 제시하고 나아가 현재와 미래 제주에서의 치유 여행 구상안 또한 제주유배문화체험 차원에서 제시한다.

해석하는 차원의 내용과 방식이 주를 이루고 있다. 그럼으로 유배문학을 치유적 관점에서 다루는 연구에서는 이와 관련이 있는 인문치료, 시치료, 은유치료, 스토리텔링치료, 글쓰기치료 등의 연구 분야에서 정립된 이론적 기반을 중심으로 한 텍스트 분석 방법이 필요하다.

2. 제주유배시기 추사의 '치유적 글쓰기'

누구에게나 글쓰기는 그 주변 환경, 사건, 사람 등과 같은 요인들과 밀접한 관련을 맺는다. 글의 소재와 주제는 물론이고 글을 쓰는 동기에서도 이러한 요소들이 간과되지 않는다. 제주 유배인 추사에게 글쓰기 또한 제주라는 환경, 유배라는 사건, 가족과 지인 그리고 제주 사람들이라는 요소들이 불가분적으로 하나를 이루는 과정이었다. 정쟁의 결과로 인한 관직의 박탈, 모진 고문, 절도(絶島)로의 유형은 추사의 글쓰기를 그 이전과 다르게 하는 사건이 되었다. 자연스레 그의 글쓰기는 본인의 고통을 은유적으로나 사실적으로 토로하여 아픔을 달래고 내적 성찰을 이루거나 인생과 세상에 대한 관조적 태도를 취하거나 가족과 지인에게 평소에 하지 않았던 이야기인 심경을 표하거나 그리움을 전하는 내용이 되었고 나아가 해배로의 희망을 담는 것이었다.

한양 생활 55년 동안에 접하지 않았던 제주 풍물일지라도 사람은 보는 것에 많은 영향을 받는지라 이것들은 그의 심경을 빗대어 글을 쓰기 위한 대상이 되었다. 더욱이 추사에게 제주 풍물은 낯설지만 아름다운 관심의 대상이었고 피바람 불었던 그 사건을 점점 등지게 하는 '치유적 환경healing environment'이 되었다.7) 이와 같이 낯선 시공간

---

7) 「路程의 반쯤은 모두 돌길이라서 사람과 말이 비록 발붙이기가 어려웠지만 이를 지나자 조금 평평해지더군. 그리고 또 밀림의 무성한 그늘 속을 지나는데 겨우 한 가닥 햇빛이 통할 뿐이나 모두 아름다운 나무들로서 겨울에도 푸르러

으로의 시선 돌리기와 이를 기반으로 한 글쓰기는 추사에게 과거의 아픈 상처와 기억에만 머물러 있지 않도록 도와준 행위가 되었다.

이와 같이, 유배 그 자체는 삶의 터전에서 쫓겨나고 모든 권리가 박탈되고 가족과 이별하는 형벌이 되었지만 유배를 다른 관점으로 볼 때, 즉 유배 당시 시점에서 조명한다면 유배는 형벌이 아닌 회복과 희망으로 나아가는 시간이기도 했다. 추사가 겪었던 정쟁으로 인한 패배자로서의 과거라는 실재적 시간은 유배 시점의 물리적 시간에서 부터 점점 멀어져 갔다. 태장(笞杖)을 맞아 만신창이가 된 추사에게 제주에서 차, 귤, 인삼, 인간관계, 학문과 예술은 그가 회복하는데 도움이 되었다. 또한 정쟁으로부터 벗어나고 조정의 직무를 수행하지 않는 유배 상황에서 그가 마음의 고통을 붓과 종이에 떼어놓았던 그 수많은 행위와 결과물인 글과 그림은 그의 마음을 토로하고 승화하는 과정이었고 그의 예술적 학문적 완성을 이루는 결과를 낳았다.

이러한 사실들에서 추사에게 제주유배시간은 형식적으로는 유형이라는 형벌의 시간이었으나 내용적으로는 회복과 발전의 시간이

시들지 않고 있었으며 간혹 단풍 든 수풀이 있어도 새빨간 빛이라서 또한 유기의 단풍잎과 달랐네. 매우 사랑스러워 구경할 만하였으나 엄한 길이 매우 바쁘니 무슨 흥취가 있겠으며 하물며 어떻게 흥취를 돋울 수가 있었겠는가.」 이것은 配所에 도착하여 맨 처음 둘째 아우에게 보낸 편지 속에 들어있는 구절이다. 자신은 흥취를 일으킬 수 없다고 하였지만 이미 흥취에 젖어서 그 아름다움을 주체하지 못하고, 사랑하는 아우에게 바로 전한 것이었다." 최원수 지음, 「추사실기 -그 파란의 생애와 예술」, 『한국의 미 17 -추사 김정희』, 서울, 중앙일보사, 1985, pp. 209-210.

되었다. 추사는 그렇게 유배시기를 사용하였고 유배 시기는 그에게 소중한 보물을 거두는 시기가 되어 돌아왔다.8)

2.1 심적 괴로움의 발산

만약에 마음에 화가 쌓이기만 하거나 상처가 치유되지 않는다면 결국 건강하지 못한 부정적인 방식으로 화가 표출되어 심각한 결과를 초래하기도 한다. 이것은 마치 체내에 노폐물이나 콜레스테롤이 쌓이면 혈액순환 장애, 고지혈증, 동맥경화 등으로 신진대사가 원활하게 이루어지지 않아 몸에 각종 질병을 일으키는 것과 유사하다. 몸과 마음의 문제는 동일하다. 마음의 상처와 고통을 적절한 방법으로 풀지 않고 쌓아놓으면 분노가 쌓이고 그 쌓인 분노는 건강하지 못한 방법으로 폭발하여 본인과 이웃에게 크고 작은 문제를 일으킨다. 그럼으로 마음의 문제를 발설하여 해소하는 것은 병든 몸과 마음을 회복하여 건강한 삶을 되찾기 위한 매우 기본적이고 중요한 행위라 할 수 있다.9) 이러한 맥락에서 심리적 외상을 입은 사람이 그 문제와 관련한

---

8) 참조, 조규백, 「앞의 논문」, p. 193.

9) Anita Timpe 지음, 문은숙 옮김, 『분노는 나의 힘 Ich bin so wütend』, 서울, 북폴리오, 2008., Karina Davidson, Amy R. Schwartz, David Sheffield, Ronald s. McCord, Stephen J. Lepore, and William Gerin, Expressive Writing and Blood Pressure, in: Stephen J. Lepore, Joshua M. Smyth, The Writing Cure -How Expressive Writing Promotes Health and Emotional

본인 마음의 감정을 담은 '표현적 글쓰기expressive writing'를 행하는 것은 마음의 상처와 고통을 치유하는 중요한 과정이라 할 수 있다.

물리적, 정신적 피해로 인한 '심리적 외상psychological trauma'을 경험한 사람이 이를 다른 사람에게 털어놓지 않고 비밀로 간직하여 그 이후로 고통스러운 삶을 살아 병에 걸릴 확률이, 타인에게 문제를 털어놓는 사람에 비해 훨씬 더 높다는 연구 결과가 있다. 왜냐하면 심리적 외상을 입은 사람이 이에 관한 고통스러운 심정을 글에 담는 행위가 그 마음에 존재하는 문제를 마음의 자리로부터 밖으로 끄집어내는 것이기 때문이다. 문제를 몸 밖으로 꺼내놓았으니 당연히 몸이 좋아질 가능성이 높은 것이다.

그 문제의 자리를 얼마간 지속적으로 비게 하는 글쓰기 행위는 상처를 점점 치유하고 마음을 정리하는 효과가 있다. 문제가 정리되고 마음이 안정되어 정상적이고 건강한 생각과 의지가 들어서게 되면 삶은 올바른 방향으로 나아간다. 심리적 외상을 경험한 사람이 과거의 심각한 상처 경험과 그 아픔을 주제로 삼아 글을 쓰면서 이와 연관하는 다양한 경험, 사건들로 주제를 확장하여 글을 쓰는 것은 문제의 근원과 문제 간의 관련성을 드러내는 중요한 과정에 해당한다. 이 과정이 원활하게 이루어진다면 글을 쓰는 당사자는 효과적이

Well-Being, Washington D. C., American Psychological Association, pp. 17-30.

고 전인적인 치유를 경험할 수 있게 된다.10)

추사의 경우 그가 쓴 글들의 내용을 논하기 이전에 글의 분량이 상당하였고 서체에 대한 집념 또한 대단했음은 주지하는 바이다. "70년 동안에 걸쳐 10개의 벼루를 갈아 닳게 했고 천여 자루의 붓을 다 닳게 했다."11)라는 그의 글에서 추사는 많은 글을 썼고 무수히 반복적으로 서예를 연습했음을 알 수 있다. 유배생활에서 추사의 학문적 탐구는 왕성하였고 그 결과물은 학문적 예술적 경지를 보여주는 것들이었다.

학계에서는 추사체를 비롯하여 그의 학문과 예술이 제주도 유배 시간에 완성됐다고 보는 견해를 정설로 받아들인다. 임창순도 추사가 새로운 스타일의 서체가 완성될 수 있었던 요인으로 제주 유배생활을 꼽았다. 그는 "울분과 불평을 토로하며 험준하면서도 일변 해학적인 면을 갖춘 추사의 서체는 험난했던 그의 생애 속에서 만들어진 것"12)이라고 보았다.

몸과 마음의 상처로 인해 생긴 울분과 불평이 추사의 전인성(全人性)

---

10) James W. Pennebaker 지음, 이봉희 옮김, 『글쓰기치료 Writing to Heal』, 서울, 학지사, 2007, pp. 23·42·46., Roger J. Booth, Keith J. Petrie, Emotional Expression and Health Changes: Can We Identify Biological Pathways?, in: Stephen J. Lepore, Joshua M. Smyth, Ibid., pp. 157-175.

11) 김정희 지음, 임정기 옮김, 『(고전국역총서 243) 국역 완당전집 I』, 서울, 민족문화추진회, 1995, 296쪽. "七十年磨穿十硏禿盡千毫"

12) 임창순 지음, 「한국 서예사에 있어서 추사의 위치」, 『한국의 미 17 -추사 김정희』, 서울, 중앙일보사, 1985, p. 181.

을 전제로 한 글쓰기를 통해 토로됨으로써 추사체라는 독특한 서체가 제주에서 마침내 창조될 수 있었던 것이다.13) 이렇듯 제주, 유배, 글쓰기가 하나를 이루어 추사에게 쌓인 고통과 상처는 서한문에서 사실적 표현 방식으로 그리고 한시에서는 예술적 표현 방식을 통해 심미적으로 표출, 승화되었다. 비록 제주 유배가 추사에게 낯설고 생활하기에 불편한 점들도 많았지만 추사는 이러한 감정들을 표현하는 글쓰기를 통해 그 심신의 고단함을 달래고 심적 여유를 찾으면서 정쟁과 태형으로 인한 상처를 서서히 치유하였고 마침내 후대에 길이 남을 예술혼까지도 만들어냈다.

> "담계覃溪(옹방강翁方綱)는 이르기를 '옛 경전을 좋아한다.'하고, 운대芸臺(완원阮元)는 이르기를 '남이 말하는 것을 그대로 말하는 것을 좋아하지 않는다.'하였는데, 두 분의 말씀이 내 평생을 모두 다 나타냈다. 어찌하다 바다 밖의 삿갓 쓴 한 사람이 되어 홀연히 원우元祐 때의 죄인 같아졌나!"14)
> -스스로 〈작은 초상화〉에 제함 제주에 있을 때[自題小照 在濟州時]

---

13) "추사체가 새로운 조형적 감각을 가질 수 있었던 배경에는 제주도의 풍경도 분명 한몫 했을 것인데, 추사체를 가만 들여다보고 있으면 치명적인 폭풍으로 뒤집혀진 제주 바다의 날선 파도들이 보이기도 하고, 더러는 그 거무튀튀한 제주 돌담을 방금 돌아 나가는 매운 칼바람들이 눈에 잡히기도 한다. 그 어떤 힘과 쓸쓸함이 공존하는 세계를 담고 있다."라고 말한다. 양진건 지음, 『앞의 책』, p. 164.

14) 김정희 지음, 최완수 옮김, 『추사집』, 2014, p. 407. "覃溪云 嗜古經. 芸臺云 不肯人云亦云. 兩公之言, 盡吾平生. 胡爲乎 海天一笠, 勿似元祐罪人."

추사는 본인의 처지를 옹방강(翁方綱)과 완원(阮元)의 말에 빗대어 한탄하고 있다. 그 일련의 정쟁 과정이 자신의 의도와 전혀 다른 결과에 이르게 되었다는 것이 '어찌하다'에 녹아있다. 추사는 '누구를 해하고자 하는 의도가 없었는데 어찌하다 나는 매를 맞고 유배되어 죄인이 되었는가?'라는 자신의 신체적 심리적 고통과 충격으로 인한 감정을 글로 표현하여 드러냈다. 이처럼 제주 유배인 추사는 종이 위에 죄인이 된 안타까움과 한스러움을 감정 그대로 글로써 드러내는 표현적 글쓰기를 행하였다.

> "내 꼴은 한 결 같이 전 모양 그대로이나 담과 해수가 크게 더 심하게 되어 그 기침이 급해서 기세를 돌이킬 수 없을 때는 피가 나오는 증세까지 겹쳐 일어나니, 독기 있고 습한 기후 풍토가 빌미 아닌 것이 없다네. 샘물이 좋지 않아서 배 속이 답답하고 더부룩하여 뚫리지 않고, 눈 어두운 것은 더하면 더했지 낫지를 않고 있네. 봄의 독한 기운이 또 일찍부터 일어나니 그 독기를 견딜 수 없는 것이 더욱 심해서 아마 나 자신을 지탱할 수 없을 것 같군."15)
> -막내아우 상희에게[與舍季 相喜]

추사는 제주에서 아픈 몸으로 지내기가 얼마나 어려운지를 막내

---

15) 김정희 지음, 최완수 옮김, 『앞의 책』, pp. 565-567. "吾狀一如前邈樣, 而痰嗽大爲添劇, 其嗽急氣不旋之時, 血症幷發, 無非瘴濕爲祟. 水泉不佳, 積欝痞滿不散, 眼花有加無減. 春瘴又早作, 不能耐瘴, 較益甚焉, 恐無以支吾矣."

동생 김상희에게 보낸 서한에서 상세하게 표현하고 있다. 노년에 가족과 고향을 떠나서 수 천리 바다 건너 절도에서 노인 남자가 홀로 사는 것은 당장 그리고 매순간 의식주부터 해결하기 쉽지 않은 현실적인 문제다. 더구나 젊어서도 아니고 당시 55세에 고문과 36대의 곤장을 맞은 추사에게 제주 위리안치라는 열악한 환경은 육신의 고통을 더 악화시키는 요소로 작용하였다.

추사는 위의 서한문에서 본인 육체의 아픔과 그로 인한 심적 고통이 어떠한지를 구체적으로 표현하고 있다. 자기를 사랑하고 믿어주며 안타까운 마음으로 주야를 보내는 가족에게 육체의 고통과 삶의 고단함이 얼마나 견딜 수 없는 것인지 알려줌으로써 도움을 요청하고 동시에 고통으로부터 벗어나고 싶다는 암묵적인 희망과 의지를 표하고 있다. 사람은 자기의 고통에 누군가 함께한다는 사실을 확인하거나, 이를 경청해줄 수 있는 사람에게 알리는 것만으로도 위로와 힘을 얻을 수 있다.

추사는 위의 글에서 친구나 제자에게 알리기 구차한 고통스러운 심정을 막내 동생 김상희에게 '있는 그대로 숨김없이 드러내고 disclosure' 있다. 추사는 자신의 어려운 처지와 이로 인한 고통을 발설하는 글쓰기, 즉 가족들로부터 자신이 수용·공감되는 것을 기대하고 쓰는 글쓰기를 통해 마음과 육체 고통의 짐을 덜어내었다.[16]

---

16) Jeffrey Berman, The Writing Cure: How Expressive Writing Promotes

2.2 절망에서 희망으로의 관점 변화

조선왕조의 세도정치에서 정쟁은 구조적이고 역사적인 맥락에서 발생할 수밖에 없었다. 그 과정에서 상대에 대한 항소가 난무하였고 능지처참과 같은 잔인한 숙청도 발생하였다. 추사도 이러한 정치 정세의 소용돌이 속에서 상소와 항변 한 번 제대로 하지 못하고 태형과 유형을 당했는데 그의 입장에서 가혹하고 억울한 처벌이었다.

안동김문과 한패였던 윤상도 그리고 이들과 상대편에 있던 추사는 그의 유배 10년 전에 있었던 윤상도의 상소로 인하여 이제는 둘이 한패로 몰려 함께 처벌받는 기막힌 사태에 처하게 된다. 추사의 선조(先朝)와 아버지 김노경(金魯敬)이 연루된 일련의 정쟁 과정은 추사가 대처할 수 없는 속수무책이었고 운명의 기이하고 무자비한 장난과 같았다.[17]

우리 파와 다른 목소리를 내어 정권 주도에 걸림돌이 되기 때문에 조정 혼란과 국가 반역이라는 죄목으로 상대방을 모함하여 죄를 뒤집어씌우고 관직을 박탈하며 그것도 모자라 때리고 심지어 사형에 처하고 유배를 보내는 것은 그 자체가 봉건적이고 폭력적이며 불의하다. 하지만 그 시대는 그러했다.

Health and Emotional Well-Being(book reviews), Psychoanalytic Psychology, 20(3), 2003, pp. 575-578.
17) 안외순, 「앞의 논문」, 2003.

추사가 몸과 마음을 치유하기 위해서는 윤상도 옥사를 비롯하여 봉건적이고 폭력적인 시대와 세상에 대한 재해석, 사건에 대한 시각 전환, 삶에 대한 관조적 태도 등이 필요했다.[18] 이는 어떤 사건에 대한 관점의 변화는 인식의 변화를 가져오고 행동의 변화를 이끌어낼 수 있기 때문인데 추사의 글에서도 이러한 변화가 있었음을 확인할 수 있다.

추사의 몇몇 글을 치유적 관점에서 조명해볼 때 그가 정쟁의 과정 과 결과를 '내 잘못, 내가 죄인이다.'라는 생각에서 다른 시각으로 전환하는데 제주, 유배, 글쓰기가 유기적으로 작용하였음을 확인할 수 있다. 추사는 제주도의 수선화와 관련한 서한과 한시에서 자신과 수선화를 '은유적으로metaphoric' 연관 지어 표현하는 대목에서 삶 과 희망을 추구하는 심적 변화 과정을 보인다.

"수선화(水仙花)는 과연 천하에 큰 구경거리입니다. 강절(江浙) 이남 지역에는 어떤지 모르겠습니다마는, 이곳에는 촌리(村里)마다 한 치, 한 자쯤의 땅에도 이 수선화가 없는 곳이 없는데, 화품(花品)이 대단히 커서 한 송이가 많게는 십수화(十數花) 팔구악(八九萼) 오륙 악(五六萼)에 이르되 모두 그렇지 않은 것이 없습니다. 그 꽃은 정월

---

18) 참조, 정후수, 「추사 김정희의 제주도 유배생활」, 한성어문학회, 『한성어문학』 15권, 1996, pp. 38-39.

그믐, 2월 초에 피어서 3월에 이르러서는 산과 들, 밭두둑 사이가 마치 흰 구름이 질펀하게 깔려 있는 듯, 또는 흰 눈이 광대하게 쌓여 있는 듯합니다. 이 죄인이 거주하고 있는 집의 문 동쪽·서쪽이 모두 그러하건만, 돌아보건대 굴속에 처박힌 초췌한 이 몸이야 어떻게 이것을 언급할 수 있겠습니까. 눈을 감아버리면 그만이거니와, 눈을 뜨면 눈에 가득 들어오니, 어떻게 해야 눈을 차단하여 보이지 않게 할 수 있겠습니까? 그런데 토착민들은 이것이 귀한 줄을 몰라서 우마(牛馬)에게 먹이고 또 따라서 짓밟아 버리며, 또한 그것이 보리밭에 많이 난 때문에 촌리(村里)의 장정이나 아이들이 한결 같이 호미로 파내어 버리는데, 호미로 파내도 다시 나곤 하기 때문에 또는 이것을 원수 보듯 하고 있으니, 물(物)이 제자리를 얻지 못한 것이 이와 같습니다."19)

추사는 수선화가 천하의 큰 구경거리라며 그 화품에 칭찬을 아끼지 않았고 그 한량없는 수량에 감탄한다. 그는 수선화 몇 송이만으로도 아름다운데 특정 장소만이 아니라 눈만 뜨면 시야 가득 밀려들어오는

---

19) "水仙花果 是天下大觀 江浙以南 未知如何 此中之里里村村 寸土尺地 無非此水仙花 花品絕大 一朵多至十數花 八九萼五六萼 無不皆然 其開在正晦二初 至於三月 山野 田壟之際 漫漫如白雲 浩浩如白雪 累居之門東門西 無不皆然 顧兹坎窅憔悴 何可及 此 若閉眼則已 開眼則便滿眼而來 何以遮眼截住耶 土人則不知貴焉 牛馬食齕 又從 以踐踏之 又其多生於麥田之故 村丁里童 一以鋤去 鋤而猶生之故 又仇視之 物之不 得其所"『阮堂先生全集』, 卷三, 與權彝齋, 五 (한국고전번역원, 한국고전DB. http://db.itk c.or.kr/itkcdb/ mainIndexIframe.jsp)

수선화의 아름다움을 감당하기 어려워한다. 화려하고 곱고 밝은 색의 수선화에 비하면 초췌하고 죄인 된 자신의 모습은 너무나 비교되어서 아름다운 수선화를 받아들이기 힘들어 한다. 그리고 토착민이 농사일에 방해가 된다는 이유로 수선화를 호미로 마구 없애버리는 모습을 보며 안타까워한다.

추사는 수선화와 자신을 동일 시 하면서 현재 자신의 처량한 모습을 수선화가 당하는 수난과 연관지어 은유적으로 드러내고 있다.[20] 추사는 이러한 현상을 '물이 제자리를 얻지 못했다.'는 말로 판단하였는데, 이것은 추사 본인과 수선화도 세상으로부터 멸시 당하는 죄인 된 관점에서 벗어나 그에 걸맞은 자리를 다시 얻어야 한다는 의미를 담은 것이라 해석할 수 있다. 추사는 유배 죄인이라는 짓밟힌 자리에서 벗어나 원래 있었던 자리로 회복되고 돌아가야 한다는 희망과 의지를 그와 막역한 친구 권돈인(權敦仁)에게 보내는 글에서 이처럼 내포적으로 드러내었다.

"푸른 바다 파란 하늘 한 결 같이 웃는 얼굴
신선의 맑은 풍모 마침내 아끼지 않았어라.
호미 끝에 캐어 함부로 버려진 것을
밝은 창과 깨끗한 책상 사이에 고이 모시네."[21]

---

20) 조규백, 「앞의 논문」, 202-205쪽., 양진건 지음, 『앞의 책』, p. 186.

추사는 시문학의 한 장르인 한시를 통해 문학적 예술성을 형상화하였다. 대다수의 시 장르가 서정성을 특징으로 삼아 사물과 현상에 대한 시인의 정서를 드러낸다는 점에서 위의 시 또한 시인의 심적 이미지를 짙게 그려내고 있다. 우리는 추사가 제자리를 찾지 못하는 자신처럼 호미 끝에 캐어 짓밟히는 수선화에 대하여 '은유적 변형 transforming metaphors'을 가하는 것을 위의 시에서 확인할 수 있다.

현실적으로 호미 끝에 캐어 함부로 버려진 들판의 꽃이라면 어떤 경우에든 다시 소생될 가능성은 거의 없다. 그러나 추사는 수모를 당한 꽃이 맞이하게 될 현실적이고 그에 마땅한 결말을 시적 세계로 끌어들여 완전히 뒤바꾸는 시도를 하였다. 즉 추사는 시를 '비바람 치는 세월 속에서 끝내 잊히었네.'로 끝내는 것이 아니라 "밝은 창과 깨끗한 책상 사이에 고이 모시네."를 선택하여 제주에서 유배인으로 살아가는 자신의 행위와 모습을 암시하면서 삶으로의 의지와 희망을 담은 은유를 생산한 것이다.

현실에 대한 인간 내면의 은유적 변형은 그에 따른 현실을 창조한다. 이 말의 원리는 한 인간 삶의 결과가 그 생각에 있다는 진리와도 무관하지 않다. 과거의 사실, 현재의 현실 그리고 미래의 모습을 그리는 한

---

21) "碧海靑天一解顏 仙緣到底未終慳 鋤頭棄擲尋常物 供養淸明几淨間" 『阮堂先生全集』, 卷十, 詩(한국고전번역원, 한국고전DB. http://db.itkc.or.kr/ itkcdb/mainIndexIframe.jsp)

인간의 심적 기저 이미지는 그것이 과거의 사건에 의해 형성된 것이라 하더라도 변형이 가능하여 다시 실재가 되고 결코 확정적이지 않으며 또한 육체를 비롯한 물질세계와도 분리된 것이 아니라는 사실이다.

우리가 위의 서한과 한시에서 확인할 수 있듯이 추사는 사물이 제자리에 있는 것이 무엇이고 이에서 이탈하여 발생한 문제의 현상이 무엇인지를 알았다. 그는 범인(凡人)들이 절망적 상황에서 흔히 수용하는 무저항적 현실수용과 비관적 자세를 궁극적으로 취하지 않았다. 추사는 유배 현실에서 처한 고난과 슬픔이라는 고정성과 정체성을 한시의 은유 세계를 통해 탈정체성을 이루어내었고, 해배로의 여러 노력들이 함께 작용하여 결과적으로 자유를 맞이하는 데까지 이르렀다.

탁월한 은유 세계를 스스로 만들어 향유하였고 이를 통해 지인들과 소통했던 시인 추사에게 자신의 문학적 상상력과 시적 글쓰기는 유배라는 어려운 시기에 생과 희망으로 나아가도록 돕는 길 안내자이자 외로운 시기를 함께 이겨낸 동반자가 되어 주었다. 문학이 개인에 따라 그 일생에 파격적인 영향을 미친다는 사실은 주지하는 바이다. 그래서 마음의 은유 세계를 움직임으로써 한 개인의 삶과 주변 세계를 움직이는 결과에 이르게 한다. 삶의 고통을 치유하고 생으로의 길을 탐색하도록 은유를 작동시키는 것은 사실적 표현을 통한 권고, 다짐, 설명 방식보다도 효과적이고 본질적인 변화를 이끌어낼 수 있으며 무엇보다도 강력하다.22)

2.3 타인과의 지속적인 소통

추사는 제주유배시기 동안 한문서간 27통, 한글서간 21통 도합 48통의 유배서간을 썼다.[23] 당시 원악지(遠惡地) 제주는 뱃길이 험난했고 거리도 수륙 2천리라 제주와 한양 등을 오가는 데 길게는 몇 달이 걸린다는 사실을 고려하면 8년 3개월 유배생활 줄곧 서신왕래가 이루어진 셈이다.[24]

편지소통은 갇힌 자에게 그 자체만으로도 삶을 이어가는 이유이자 위로이고 자유로의 희망을 꿈꾸는 동력이 된다. 추사는 아래 편지에서 가족으로부터 새로운 소식을 전해 받는 것이 얼마나 기쁜 일인지를

---

22) 은유 치료, 은유적 이야기 치료, 스토리텔링 치료, 내러티브 치료 등으로 일컫는 서정적, 서사적 은유 상상력을 활용한 치료에 관한 연구와 치료 사례는 특히 호주, 미국, 독일 등을 중심으로 국외에서 상당한 논문과 저서가 출간되었고 국내에서도 10년 넘게 꾸준한 연구가 이루어지고 있다. 본 연구자가 이와 관련하여 참고한 문헌들은 다음과 같다. 이민용, 「인문치료의 관점에서 본 은유의 치유적 기능과 활용」, 한국카프카학회, 『카프카연구』 23집, 2010., 임춘택, 「교육과 치료로서의 문학 행위에 관한 질적 연구 -은유적 이야기 교육과 치료 모임 사례를 중심으로」, 영남대학교 인문과학연구소, 『인문연구』 73호, 2015., George W. Burns(edit.), Healing with Stories -Your Casebook Collection for Using Therapeutic Metaphors, New Jersey, John Wiley & Sons, 2007., Richard R. Kopp, Metaphor Therapy -Using Client Generated Metaphors in Psychotherapy, New York, Brunner Routledge, 1995., Stefan Hammel, Handbuch des therapeutischen Erzählens -Geschichte und Metaphern in Psychotherapie, Kinder- und Familientherapie, Heilkunde, Coaching und Supersivion, Stuttgart, Klett-Cotta, 2010, pp. 31-33.

23) 양순필, 김봉옥, 「추사 김정희의 제주유배문학 연구」, 제주대학교, 『논문집』 32집, 1991, p. 75.

24) 김정희 지음, 최완수 옮김, 제5편 서한문 書翰文, in: 『앞의 책』, pp. 511-587.

답신편지에서 밝히고 있다. 당대 권위 있는 학자로서의 추사도 편지에 서만큼은 지극히 사적이고 인간적인 면모를 드러냈다. 그는 가족의 소식을 담은 동생과의 편지 왕래가 '사물에 대하여 깊이 연구하여 지식을 넓히는 것(格物致知)'과 다르지 않다고 밝히면서 그 기쁨이 얼마 나 큰지, 차서 넘친다하며 그 기쁨의 감정을 그대로 표현하였다.

"설 뒤(연후年後)에 이곳에서 부친 편지는 과연 언제 받도록 도착하 였던가. 북쪽에서 오는 배가 설의 전후를 물론하고 한 결 같이 오래 막혀 아침저녁으로 바라기만 하니, 이즈음에는 더욱 목마르게 애가 타더군. 2월 24일에 성聖이란 종(가노家奴)이 비로소 와서 둘째 아우 와 자네의 두 편지를 받아 보았네. 한갓 설을 전후하여 처음 받는 편지일 뿐만 아니라 또 아직 보름도 안 지난 최근의 소식이라서 기쁨이 넘치는 것이 마치 격물치기格物致知를 하루아침에 크게 깨친 것(활연관통豁然貫通) 같았네."25) (1846년 봄)

"가을이 다시 몹시 가물고 늦더위가 오히려 교기驕氣를 떨쳐서 서늘 한 느낌은 겨우 싹 트니 전형 옷깃을 여밀 만한 기운이 없는데 북쪽 육지의 요즈음은 다시 어떠한가. 이러한 때에 온 집안이 모두 한가지

---

25) 김정희 지음, 최완수 옮김, 『앞의 책』, p. 563. "年後 自此所付之書, 果於何時收 到. 北船無論年前後, 一以久阻, 日夕望望, 際此尤縣渴. 至於二月卄四, 聖奴始來, 獲見仲季兩椷. 非徒前後初信, 又不過未一望近信, 欣瀉如格致之 一朝豁然貫通."

로 편안하게 잘 지내는가. 자네 회갑을 잘 치르고 늙지 않게 하는 잔치를 잘 받게나. 막내아우가 조심할 것은 건강인데 아마 자네의 회갑에는 나와 모일 듯하니 멀리서 마음 씀이 또한 다른 때와는 비교할 수도 없네. 늙은 누님과 서모도 모두 안강하시며 서울과 시골의 크고 작은 여러 일들은 역시 모두 잘되어 가는가. 그지없이 마음 쓰이네."26) (1848년 9월 4일)

제주유배시기 서한과 그 관련 연구를 보면 추사가 아내(부안이씨禮安李氏)와 자식(상무 商懋)은 물론이고 두 아우 명희(命喜), 상희(相喜) 형제와 종형에 대한 관심과 사랑이 유별하였고 일가붙이들에 대한 남다른 애정을 가졌음을 확인할 수 있다.27) 추사는 집안사람들에게 보낸 편지들에서 이들을 세심하게 위하고 걱정하는 마음을 담았고 유배생활로 인한 답답한 심정과 생활의 불편함을 토로 하였으며 가족의 건강과 안녕을 묻고 기원하는 내용들을 주로 썼다.

이렇게 추사의 속마음을 보이고 가족에 대한 극진한 사랑과 남다른 관심을 표현하는 편지소통이 만약에 제주유배시기에 추사에게 없었다고 가정한다면 추사와 관련한 모든 일련의 결과가 그 당시와 그 이후로 현재까지 어떤 형국으로 주조되었을까? 위의 편지에서 확인

---

26) 김정희 지음, 최완수 옮김, 『앞의 책』, p. 533.
27) 양순필, 김봉옥, 「앞의 논문」, pp. 77-96.

할 수 있듯이 두 편의 편지에 뛸 듯이 기뻐하는 추사에게 편지소통이 부재하여 그의 제주유배시기에 서간의 영향이 전혀 미치지 않았다면 유배생활은 어떠했을까? 아마도 그의 유배생활과 이 시기에 이루어진 글과 그림이 현재 확인할 수 있는 그것과 많이 다를 것이다. 그만큼 유배인 추사에게 가족 간의 편지 소통은 삶을 이어가도록 돕는 행위이자 제주에서도 학문과 예술 활동을 수행하도록 돕는 버팀목이 되어주는 큰 힘이었음이 자명하다.

우리가 공기의 절대 필요성과 그 고마움을 전혀 인지하지 못하고 살다가 고지대 저산소 환경이나 바닷물 속에서 그 절대적 필요성을 절감하는 것처럼 갇힌 자 유배인에게 마음을 담은 편지를 서로 주고받는 원활한 소통은 그 자체가 생이자 정신건강 문제와 직결되는 요인이 된다.

치유란 정상적인 원래의 자리와 상태로 돌아오는 것을 전제로 한 그 이상의 발전을 의미한다. 편지소통은 유배인에게 유배 이전 원래의 소통환경으로부터의 '수용acceptance'을 통한 그곳으로의 '재귀인reattribution'을 지향하는 것이고 해배라는 이상을 꿈꾸게 하고 이를 위한 일련의 모든 '활동적 참여active engagement'를 촉발시킨다는 점에서 그 소통행위 자체가 치유적 행위라 말할 수 있다.28)

---

28) Honoré M. France, Jan Cadieax, Edward G. Allen, Letter Therapy: A Model for Enhancing Counseling Intervention, Journal of Counseling and Development, 73(3), 1995, p. 317.

"기쁜 소식이 온 것은 지난 섣달 19일에 있었으니 정계停啓(사헌부나 사간원에서 처벌한 죄인의 죄명과 성명을 적어서 임금께 상주하는 서류인 전계傳啓에서 처벌이 끝난 죄인의 이름을 삭제해 올리는 서류) 뒤였네(정계는 12월 13일에 있었음). 특별히 보낸 심부름꾼이 섣달 그믐날 내려와서 계속 둘째 아우와 자네의 여러 편지들을 받아 보았으나 아직 영향을 미칠 만한 한 글자도 없었으므로, 이 마음은 초조하여 미칠 것만 같아서 갈수록 더욱 몸 둘 바를 몰랐었네. 어느덧 이제 새해가 시작되어 벌써 곡일穀日(음력 정월 초8일의 이명異名)이 되었는데, 온 집안이 새해를 맞이해서는 많은 복과 크게 좋은 일들이 꼭 찾아와야 하겠지. 빌고 또 비네. 서울과 시골의 크고 작은 위아래 여러분들은 모두 안녕하시며, 연로하신 누님과 서모의 연세는 또 보태어 늘어나셨는데, 모두 한 결 같이 기운이 좋으신가. 먼먼 바다 밖에서 걱정만 치밀 뿐일세."29)(1849년 2월 25일경)

B.C. 1100년경부터 고대 그리스를 시작으로 '일리아드Iliad', '헬레니즘 이집트hellenistic egypt' 시대, 로마 시대 '키케로Cicero'의 글, '신약 성경New Testament 다수의 사도 글' 등등 세계 인류 역사적으

---

29) 김정희 지음, 최완수 옮김, 『앞의 책』, pp. 583-584. "喜報之來, 在於去臘十九, 停啓後. 專伻在於除日, 連見仲季諸書, 姑無一字之及於影響, 此心之焦燥, 欲發狂, 玄盖靡措. 倏此開歲, 已至穀日, 渾履膺此新䄅, 百福大吉, 詹祝詹祝. 京鄉大小上下, 俱得享利, 老姊氏老庶母屋籌, 又此添長, 一以康旺. 遠外念溯."

로 주요한 서신들에서 확인할 수 있듯이 편지의 기원은 매우 오래되었고 편지는 문학의 모든 형태들 가운데서도 가장 오래된 형태에 속한다.30) 세계적인 시문학 작가인 '에밀리 디킨슨Emily Dickinson'도 "편지는 항상 나에게 불멸성과 같다."는 말로 그 가치와 의미를 평가하였다.31) 편지는 무궁한 생명력과 불멸성이라는 속성을 지녔고 인류에 매우 유용하고 가치 있는 소통수단이 되어왔다.

이와 같이 개인 차원을 넘어 인류문화에 미치는 편지의 영향과 그 중요성으로 인해 편지는 인간을 치유하는 목적으로도 효과적으로 활용되어왔다. '편지 치료Letter Therapy', '치유적 편지Therapeutic Letters'는 편지가 지닌 긍정적 측면을 활용한 치유 수단의 한 방법이다. 현재까지 이에 관한 논문과 저서가 수 백 편에 이르고 있다. 이들 연구 결과를 통해서 '문자 소통written communication'으로 이루어지는 편지 왕래가 치유 상황에서 활용될 때 그 긍정적 속성으로 인한 효과가 개인과 집단에 얼마나 이로운지 증명되고 있다.

제주유배시기에 추사가 쓴 편지와 편지 소통을 기반으로 이루어진 그의 학문적 예술적 업적들이 후대인들이 간직하고 아끼는 문화유산

---

30) Nancy J. Moules, The Past and Future of Therapeutic Letters -Family Suffering and Healing Words, Journal of Family Nursing, 15(1), 2009, p. 103.

31) 재인용, Nathan R. Pyle, Therapeutic Letters as Relationally Responsive, Journal of Family Nursing, 15(1), 2009, p. 78. "A letter always seemed to me like immortality."

이 되어 불멸성으로 우리 곁에 남아있다. 편지 소통이 이것을 가능하게 한 수단이 된 셈이다. 유배를 당한 유배인과 그와 과거에 친밀한 관계에 있던 사람들 간의 장거리 편지 왕래는 내용적으로 보나 암묵적이지만 실질적인 의도로 보나 '치유적 편지'에 해당한다.

그래서 제주 유배인 추사에게 편지 왕래는 생명 유지와 회복을 위한 마음과 육체의 '숨쉬기breathing'와 같았다. 숨쉬기가 어려운 상황에서는 이를 가능하고 원활하게 도울 수 있는 도구가 필요한 것처럼 편지는 유배인 추사와 가족 간의 '연결 매체joining medium' 역할을 하였다. 편지를 받는 사람과 보내는 사람 모두 자신이 서로에게 단절되고 갇힌 느낌에서 벗어나 서로에게 연결되어 있다는 위안과 안정감을 편지를 통해 얻을 수 있었다.

이처럼 두 동생, 자식, 부인 그리고 지인들과의 '관계적 반응 방식relationally responsive ways'으로 주고받는 편지소통은 유배로 인한 공간적 차단성이라는 물리적 제약을 넘어설 수 있는 '탈고정성defixation'으로 나아가는 수단이 되었다. 편지 왕래는 추사에게 희망적이고 미래 지향적인 새로운 공간을 심리적 차원에서 열어주었고 그 과정은 다름 아닌 그 자체가 치유적 대화였고 현재와 미래의 삶을 위한 역동적이고 생성적인 원동력이었다.32)

우리는 위의 편지에서 해배 소식을 담은 편지가 추사에게 얼마나

---

32) 참조, Nathan R. Pyle, ibid, pp. 71, 73, 77-78.

감격스럽고 기쁜 일인지를 확인할 수 있다. 8년 3개월이라는 길고도 외로운 유배 기간 동안 추사와 지인들 간에 끊임없이 이루어진 편지 왕래의 결과는 마침내 해배라는 기쁜 소식이 담긴 '편지 선물'로 돌아옴으로써 그 길고 고단한 여정의 대미를 마친다. 이들은 편지 왕래를 통해 서로가 서로에게 용기와 희망 그리고 조언을 아끼지 않았고, 상대방이 처한 상황과 힘든 처지에 공감하고, 상대방이 존재한다는 것과 서로의 소식을 전해 듣는 것이 얼마나 감사한 일인지 보여준다.[33]

이번 2장에서는 추사의 제주유배시기 몇몇 글들을 치유적 관점에서 조명하여 다음과 같은 사실들을 확인할 수 있었다. 추사는 유배로 인한 괴로운 심적, 외적 상태를 '감정적으로 표현하는 글쓰기 expressive writing'를 통해 발설하였다. 수선화를 소재로 한 한시에서는 수선화와 자신을 연결하는 '은유적 표현metaphoric expressive'을 통해 절망적 상황을 희망적 심상으로 바꾸어 놓는 문학적 형상화를 이루어냈다. 추사는 제주유배시기 내내 가족, 지인들과 지속적인 소통 상황에 있었는데, 앞의 편지에서도 가족과의 유대관계를 전제로 한 서로의 안부와 정보 교환, 해배로 인한 충만한 기쁨의 감정 표현 등이 내용을 이루어 '치유적 편지therapeutic letters'로써의 기능을

---

33) James W. Pennebaker, John F. Evans, Expressive Writing: Words that Heal, WA, Idyll Arbor, 2014, pp. 124-125.

수행했음을 볼 수 있다. 따라서 2장에서는 추사의 글들을 '치유적 글쓰기therapeutic writing'와 관련한 선행 연구들의 관점에서 조명하여 그의 글쓰기가 치유적 글쓰기로서의 요소, 기능, 효과를 갖추었음을 문헌들을 통해 확인하였다.

3. 치유 스토리텔링 콘텐츠 구상 방안

제주는 유배인에게 형벌로 보내졌던 원악도(遠惡島)에서 국내 최고의 관광지를 넘어 현재와 미래의 세계적인 문화유산관광지라는 파격적인 변화를 한 세기만에 이루었다. 일제 강점기와 6.25 한국전쟁으로 인한 상처와 피해가 우리나라 전역에 걸쳐 있었다는 점에서 제주도 또한 예외가 아님에도 우리나라 역사에서 1세기만에 제주처럼 긍정적이고 발전적으로 급격한 성장을 이룬 곳도 찾아보기 힘들어 보인다.

더욱이 최근 제주 올레 트래킹 문화는 제주 관광과 방문 목적에 또 하나의 새로운 지평을 열었다는 의미로 해석되고 있다.34) 이제

---

34) 제주 올레는 국내만이 아니라 해외에서도 그 의미, 가치, 효과를 인정받았다. 일본에서는 제주 올레의 이름을 그대로 수입하여 '규슈올레'를 조성하였다. 「일본에는 '규슈 올레⋯ "좋은 것은 서로 배우자"」, http://news.kbs.co.kr/news/view.do?ncd=3130897, 검색

제주 관광은 보고, 먹고, 드라이빙 하는 방식만이 아니라 올레를 천천히 장시간 걸으며 내적 성찰과 치유 그리고 신체적 건강과 휴식을 취하는 방식이 추가되어 여행문화의 다양화를 이루고 있다. 이러한 변화와 함께 제주유배문화 또한 재평가가 이루어지고 있으며 그것은 학문적 연구 차원에서만 아니라 제주, 유배, 관광, 치유를 연결하는 실제적이고 실천적인 방식을 추구한다.35)

여행의 중요한 목적은 일상의 틀에 박힌 패턴에서 벗어나 몸이 쉬고, 마음이 안정되고, 사물을 즐기면서 삶의 에너지를 재충전하는 것이다. 여행이 일상의 스트레스, 삶의 험난한 고난을 겪은 사람들에게 쉼이 되는 목적이 있고 그러한 효과를 낸다는 점에서 제주유배문화를 활용한 제주 치유여행은 현실적으로 필요성을 더한다. 이를 위해서는 통상적인 여행에서 간접적이고 부수적으로 발생하는 치유 효과만이 아니라 여행 과정에서 얻을 수 있는 치유 효과36)를 적극적으로 개발, 설계하는 작업이 필요하다. 이러한 차원에서 제주도민들은 물론이고 제주 여행객들이 자발적이고 흥겹고 유의미하게 치유 스토리텔링 콘텐츠를 선택할 수 있는 프로그램 개발이 필요하다.37)

일자 2015년 8월 18일.

35) 김진철, 양진건, 「유배문화 스토리텔링 연구 -제주유배문화 스토리텔링 사례를 중심으로-」, 인문콘텐츠학회, 『인문콘텐츠』 제36호, 2015, pp. 185-206.

36) 김세은, 「여행체험의 치유효과 분석: 제주도 게스트하우스 이용객을 대상으로」, 경기대학교 여가관광개발학과 석사학위논문, 2014., 이상봉, 「여행경험과 심리 치유 간의 관계」, 강원대학교 관광경영학 박사학위논문, 2011. 외 다수.

아래의 각 절들은 치유 스토리텔링 프로그램을 진행하기 위한 콘텐츠를 진행 내용과 방법 및 진행자 지침을 중심으로 구상한 내용이다.

3.1 감정을 표현하는 치유적 글쓰기

3.1.1 개요

앞서 제주유배길 참가자들은 추사가 쓴 한시와 서한에서 그가 담계와 운대처럼 유배 죄인이 된 것과 유배생활의 고충이 얼마나 괴로운지를 표현한 한시와 서한을 확인하였다.[38] 추사가 자신의 고통을 표현한 글들을 감정적 어조로 썼던 것과 마찬가지로 참가자들은 치유 스토리텔링 프로그램에서 표현적 글쓰기 시간을 갖는다.

참가자 개인의 삶에 가장 큰 영향이나 충격을 주었던 사건들로 인한 심리적 외상, 무의식에서 의식 세계로 영향을 미치는 감정적 격동 등을 곰곰이 생각하여 주제를 정해 그 상황 전반과 감정을 표현

---

37) 현재 조성되어 운영 중인 '제주유배길(집념의 길)'에서 본 연구의 치유 스토리텔링 콘텐츠를 프로그램으로 진행하기 위해서는 현재 진행 중인 유배길 프로그램 제반 상황 등은 물론이고 이를 위한 시간, 공간, 대상 등을 짜임새 있게 고려한 기획-운영 과정이 제주대학교 스토리텔링연구개발센터를 중심으로 선행되어야 가능하다.

38) 본 프로그램 참가자들은 본인들을 위한 치유 스토리텔링을 하기 이전에 본 논문 2장 내용을 중심으로 한 학습시간을 갖게 된다.

하는 글쓰기를 한다.

3.1.2 글 작성을 위한 참고 사항

주제 선정과 관련하여 예를 들어, "해당 주제 및 사건이 참가자의 어린 시절과 부모님, 그리고 가까운 가족들과 어떤 관련이 있는지에 대해 쓰게 될 수도 있다. 또는 가족과 가까운 친구 외에 사회생활에서 만난 사람들과 관련하여 글을 쓸 수도 있다. 즉, 가장 사랑하는 사람, 가장 두려워하거나 가장 분노하게 만든 사람들과 어떤 관련이 있는 지? 이 감정적 격변이 참가자의 현재 생활, 친구, 가족, 일 그리고 인생에서 참가자의 현재 위치와 어떤 관계가 있는지? 무엇보다도 이 사건은 참가자가 과거에 어떤 모습의 사람이었는지, 미래에는 어떤 사람이 되고 싶은지, 그리고 현재는 누구인지와 어떤 연관이 있는 지?"[39] 등에 관한 사항들과 연계될 수 있다. 물론 사고로 인한 물리적 고통, 몸의 질병, 사회문제로 인한 충격 등에 관한 것들도 주제가 될 수 있다.

3.1.3 제목(사건 또는 대상자를 중심으로)

---

39) James W. Pennebaker 지음, 『앞의 책』, p. 60.

3.1.4 '감정을 표현하는 치유적 글쓰기' 작성하기

3.1.5 기술 방법 및 프로그램 진행 방식40)

사건 또는 인물과 관련한 가장 깊은 내면의 감정을 표현하도록 지도한다.

지극히 개인적이고 중요한 사건을 주제로 삼도록 지도한다.

한 페이지 이상 세 페이지 이하로 작성할 것을 권장한다.

'감정을 표현하는 치유적 글쓰기'는 3~4일 동안 진행한다.

참가자의 글을 타인에게 보여주지 않도록 지도한다.

참가자가 글쓰기 중간에 매우 격한 반응을 보이거나 정신적 위기감을 호소하면 중단한다.

---

40) 본 연구의 3장은 제주유배길 또는 제주 여행에서의 치유 스토리텔링 프로그램 콘텐츠 구상안을 개괄적으로 제시한다. 그럼으로 유배길 체험 및 각종 여행 프로그램 개발자와 진행자는 표현적 글쓰기 치료와 관련한 연구 논문 및 저서 등을 검토하여 해당 치유 스토리텔링 프로그램의 형태와 특징에 맞게 이를 개발, 진행할 수 있다. 이를 위해서 '글쓰기 치료'에 관한 다수의 문헌들이 참고 될 수 있다. James W. Pennebaker 지음, 이봉희 옮김, 『글쓰기치료 Writing to Heal』, 서울, 학지사, 2007., James W. Pennebaker, John F. Evans, Expressive Writing: Words that Heal, WA, Idyll Arbor, 2014., Joshua M. Smyth, Arthur A. Stone, Adam Hurewitz, Alan Kaell(1999), Effects of writing about stressful experiences on symptom reduction in patients with asthma or rheumatoid arthritis. A randomized trial, JAMA(The Journal of the American Medical Association), 281(14), 1999, pp. 1304-1309., 외 다수.

단체 지도 이후에 반드시 개인별 지도를 병행한다.

참가자는 매회 글쓰기 작성 이후, 진행자의 지도, 자가 점검, 설문지 작성 시간을 갖는다.

등등

3.2 내적 심상을 다루는 치유 목적의 은유적 글쓰기

3.2.1 개요

앞서 참가자들은 추사가 수선화를 소재로 한 한시에서 그가 어떻게 수선화와 자신을 연관 지어 다루면서 현실의 비참한 자기 모습을 은유적 상상력을 통해 긍정적 이미지로 바꾸어 한시로 완성했는지를 확인하였다. 참가자들 또한 앞서 '감정을 표현 하는 치유적 글쓰기' 시간에 정한 주제를 비롯하여 이번 은유적 글쓰기에서 다루고자 하는 문제에 대해서 은유적 변형 즉 새롭고 대안적인 이야기로의 변형을 프로그램 인도자의 지도에 따라 이루어낼 수 있다.

3.2.2 글 작성을 위한 참고 사항

제주유배길 걷기 코스, 제주의 한적한 밤바다, 여행지 숙소 등 참가자가 가장 편한 시간과 장소를 정하여 글을 쓴다. 어떤 문제, 사건, 대상이나 대상자에 관한 마음의 상태를 '마치...와 같다.'는 문장으로 표현해본다. 과거의 문제로 남아 있는 고정된 이야기에 관점의 다양한 변화, 문제해결을 위한 방법 제시, 희망적인 결말을 위한 방법 등을 대안적으로 제시하여 심적 변화를 시도한다.

3.2.3 제목(사건 또는 대상자를 중심으로)

3.2.4 '내적 심상을 다루는 치유 목적의 은유적 글쓰기' 작성하기

3.2.5 기술 방법 및 프로그램 진행 방식[41]

문학적 글쓰기에 비교적 능숙하거나 참여를 선호하는 참가자들의 지원에 따라 프로그램을 진행한다.

프로그램 진행자는 기존의 '치료 목적 은유적 글쓰기' 사례에서 나온 다양한 글(문학작품)들을 참가자들에게 예시 글로 교육, 제공한다.

---

41) '3.2 내적 심상을 다루는 치유 목적의 은유적 글쓰기' 과정을 효과적이고 유의미한 결과를 낼 수 있도록 진행하기 위해서는 앞서 '3.1 감정을 표현하는 치유적 글쓰기' 과정보다도 교육방법, 교육교재, 대상선정, 개별지도, 진행전문성(시 치료, 은유 치료, 스토리텔링 치료 관련 교육과 창작) 측면에서 한층 세심한 사전 준비가 필요하다. 나아가 이보다 더 심화·발전한 과정으로, 유배문학을 기반으로 하는 시, 은유, 스토리텔링 치료 방식의 중장기 치유(여행) 전문프로그램을 개발, 운영할 수 있다.

참가자들은 프로그램 진행자의 지도에 따라 시, 소설, 희곡, 수필, 자서전 장르 등을 선택하여 작성할 수 있다.

단체 지도 이후에는 반드시 개인별 지도를 병행한다.

참가자의 의향에 따라 프로그램 모임에서 글(참가자 수준의 문학작품)을 공개 발표하는 시간을 가질 수도 있다.

등등

3.3 타인과의 소통을 위한 치유적 글쓰기

3.3.1 개요

앞서 제주유배길 참가자들은 추사가 가족과 지인들에게 보낸 여러 편의 편지들을 읽어보았다. 추사가 편지 왕래를 얼마나 기뻐하고 이를 통해 인간적 유대관계를 돈독히 했는가와 그에게 편지가 유배시기를 살아가기 위한 주요한 활력소가 되었음을 확인할 수 있었다.

이러한 관점에서 참가자들도 몇 가지 유형의 치유적 편지를 작성할 수 있다. 그리운 사람, 사랑하는 사람, 이러저러한 마음에 한 동안 연락을 하지 않았던 사람, 용서하고 용서받고 싶은 사람 등 지인에게 보내는 편지, 이러한 사람들에게 쓰고 그러나 보내지 않는 편지[42],

---

42) "편지쓰기의 궁극적인 목적은 프로그램 참가자의 정신건강에 있다. 굳이 보내지

본 프로그램에 보내서 익명인(진행자)과 주고받을 편지 등이 있다.

3.3.2 글 작성을 위한 참고 사항

편지 내용 구성은 보내는 사람, 받는 사람, 관련된 사건 등을 고려하여 자신의 생각, 감정, 견해, 안부, 사건, 편지 의도, 현재 심적·외적 상황, 지난 과거, 미래 계획 등으로 이루어질 수 있다.

3.3.3 제목(사건 또는 대상자를 중심으로)

3.3.4 '타인과의 소통을 위한 치유적 글쓰기' 작성하기

3.3.5 기술 방법 및 프로그램 진행 방식

진행자는 참가자들이 어떤 유형을 선택할지 스스로 고려하고 본 프로그램 전문가와 상의하도록 지도한다.

편지쓰기가 단 회 보내기 또는 주고받기로 그 충분한 효과를 내고 목적을 달성할 수 있는가와 여러 차례 주고받아야 할 성질의 상황인

않아도 되는 상황이라면 안 보내는 것이 좋다. 우선 편지를 쓰고 며칠 동안 기다린다. 그리고 다시 한 번 읽어보고 곰곰이 생각하여 만약 편지가 수신자와 둘의 관계에 이익이 되지 않거나 오히려 역효과를 낼 수 있다면 보내지 않는다."
James W. Pennebaker, John F. Evans, Ibid, p. 123.

가를 고려하여 작성한다.

　등등

　이번 3장에서는 앞서 2장에서 제시한 추사 글에 대한 치유적 관점
을 제주유배길과 제주 여행에서 실제로 활용하기 위한 치유 스토리텔
링 콘텐츠를 제시하였다. 각 절은 2장 각 절의 순서와 상응하게 나열
하였다. 이번 3장은 구상 방안 제시에 관한 내용이므로 특정한 경우
만의 세부적인 사항들보다는 적용 가능한 것들을 고려하여 비교적
넓은 범주에서 기술하였다. 앞으로 치유 스토리텔링 실제 적용 사례
가 많아지고 프로그램이 발전하여 사례 제시를 중심으로 한 다양한
후속 연구들이 이루어져야 한다.

4. 결론

　제주유배시기 추사의 글쓰기는 유배의 아픔을 극복해내기 위한
치유적 글쓰기가 되었다. 그의 치유적 글쓰기는 삶의 의미를 찾아가
는 도구이자 그 과정이 삶의 의미를 형성하는 여정이 되어 완숙하고
오묘한 결정체들로 남았다. 추사의 글쓰기 환경에 제주유배라는 치명

적인 위협과 고난이 침범했지만 그는 이에 굴하거나 포기하지 않았고 이를 예술혼으로 승화시켜 그의 글을 유배 이전보다 더욱 빛나게 하였다.43)

이렇게 보면 제주와 유배는 추사에게 당시로써는 괴롭고 힘든 형벌의 땅이고 기간이었으나 결과적으로 볼 때 그는 이것을 발전적이고 역동적인 관점으로 수용하여 인격적, 예술적, 학문적으로 완숙할 수 있는 장소와 시기로 창조하였다. 사실 태장으로 만신창이 된 추사의 심신에 제주에서 도움을 준 치료제들은 한두 가지가 아니었다. 약, 차, 귤, 음식, 한시, 서한, 서체, 그림, 독서, 토착민 자녀 교육, 제주 토착민 등 비록 유배인이지만 추사가 인간다운 삶을 살 수 있는 장이 되어준 것도 제주였다.

이 글에서는 제주 유배라는 절망적인 상황에서도 이에 굴하지 않고 이겨내는 추사의 모습을 이 시기에 행한 글을 치유적 관점으로 조명하여 확인하였고, 나아가 기존의 제주유배문화 연구와 실제에 치유 스토리텔링 콘텐츠 구상안을 더하여 실제적이고 미래지향적인 제주

---

43) "이재(彝齋) 권돈인(權敦仁)이 추사(公)의 글에 관해 말하기를, 완당(阮堂: 김정희의 호)의 제주 유배 이후의 글은 자미(子美: 두보의 자)가 기주(夔州) 유배 이후의 시와 같고, 자후(子厚: 유종원의 자)의 유주(柳州) 이후의 문장과 같다고 하였다. 나(申錫禧: 신석희)도 역시 그의 시와 글이 같다고 말하여, 그 신령함과 깨우침을 받아들이기가 그 신출함이 옛날과 달라 그 담박함을 수용하기 어렵다. 彝齋權相公論公書曰 阮堂濟州以後書 如子美夔州以後詩 子厚柳州以後文 余則曰詩亦如其書 其靈警悟入之 妙 自有神出古異 澹不可收者矣." 『阮堂先生全集』, 卷首, 覃覃齋詩集序[申錫禧] (한국 고전번역원, 한국고전DB, http://db.itkc.or.kr/itkcdb/mainIndexIfram e.jsp)

유배문화 활용·계승 방안을 알아보았다. 이에 관한 세부적인 논의 내용으로, 2장에서는 추사의 글들을 '치유적 글쓰기therapeutic writing'와 관련한 선행 연구들을 기반으로 그의 글쓰기가 치유적 글쓰기로서의 요소, 기능, 효과를 갖추었음을 문헌중심연구방법으로 논하였고, 3장에서는 제주유배길과 제주여행에서 실제로 활용하기 위한 프로그램 참여자 중심의 치유 스토리텔링 콘텐츠 구상안을 제시하였다.

제주유배시기에 추사가 이룬 예술과 학문 업적은 우리 후대에 영존하는 문화유산으로 남았고 주로 예술, 문학, 교육 분야에서 연구개발·활용되고 있다. 앞으로도 제주에서 유배 살았던 추사의 삶을 예술, 문학, 교육, 문화, 관광, 치유 등으로 확장하고 유기적으로 통합·발전시켜 제주유배문화를 계승 발전시켜야 할 것이다. 이러한 차원에서 본 연구 또한 이를 위한 작은 한 관점과 그 내용을 담고 있다. 어느 때보다도 위로와 치유 그리고 사회적 공의가 필요한 시기에 추사로부터 본받아야 하는 삶의 자세, 행위, 업적을 교육하고 향유하는 기회가 지속되고 확장되어야 할 것이다.

참고문헌

◦ 논문

강주진, 「僻派家門 出生의 秋史 金正喜: 秋史의 濟州 流配動機를 중심으로」, 제주
  대학교 탐라문화연구소, 『탐라문화』 6권, 1987.

김세은, 「여행체험의 치유효과 분석: 제주도 게스트하우스 이용객을 대상으로」,
  경기대학교 여가관광개발학과 석사학위논문, 2014.

김진철, 양진건, 「유배문화 스토리텔링 연구 -제주유배문화 스토리텔링 사례를
  중심으로-」, 인문콘텐츠학회, 『인문콘텐츠』 제36호, 2015.

김태수, 「秋史의 流配詩 硏究」, 근역한문학회, 『한문학논집』 10권, 1992.

김현권, 「추사 김정희의 묵란화」, 한국미술교육학회, 『한국미술사교육』 19호,
  2005.

부영근, 「秋史 金正喜의 濟州 流配詩 考察」, 영주어문학회, 『영주어문』 11권,
  2006.

안말숙, 「치유로서의 문곡 유배시 연구」, 경성대학교 인문과학연구소, 『인문학
  논총』 제36집, 2014.

안외순, 「추사 김정희와 윤상도 옥사, 그리고 정치권력」, 한서대학교 동양고전
  연구소, 『동방학』 28집, 2013.

양순필, 「제주유배문학 서설」, 제주대학교, 『논문집』 10, 1979.

양순필, 김봉옥, 「추사 김정희의 제주유배문학 연구」, 제주대학교, 『논문집』 32

집, 1991.

양순필, 양진건, 「秋史의 濟州 教學活動 研究」, 제주대학교 탐라문화연구소, 『탐
라문화』 6권, 1987.

양은숙, 「추사 김정희의 사제관계에 대한 제주교육사적 의미」, 제주대학교 교
육행정 석사학위논문, 2012.

양진건, 「秋史 金正喜의 濟州流配 教學思想 研究」, 제주학회, 『제주도연구』 9권,
1992.

양진건, 「제주유배인의 독서활동이 제주교육에 미친 영향에 관한 연구」, 한국
교육사학회, 『한국교육사학』 25권 1호, 2003.

양진건, 「제주유배문화의 스토리텔링 콘텐츠적 성과: 추사 김정희를 중심으로」,
제주발전연구원, 『제주발전포럼』 44호, 2013.

유진경, 「조선후기 유배지에서의 차치유에 관한 연구 -茶山과 秋史를 중심으로
-」, 원광대학교 예문화와 다도학과 석사학위논문, 2013.

이민용, 「인문치료의 관점에서 본 은유의 치유적 기능과 활용」, 한국카프카학
회, 『카프카연구』 23집, 2010.

이상봉, 「여행경험과 심리치유 간의 관계」, 강원대학교 관광경영학 박사학위논
문, 2011.

이호순, 「추사 김정희의 서·서·화 연구 -제주도 유배시기를 중심으로-」, 경희대
학교 현대미술연구소, 『논문집』 7권, 2004.

임창순, 「한국 서예사에 있어서 추사의 위치」, 『한국의 미 17 -추사 김정희』,

서울, 중앙일보사, 1985.

임춘택, 「교육과 치료로서의 문학행위에 관한 질적 연구 -은유적 이야기 교육과 치료 모임 사례를 중심으로」, 영남대학교 인문과학연구소, 『인문연구』 73호, 2015.

정후수, 「추사 김정희의 제주도 유배생활」, 한성어문학회, 『한성어문학』 15권, 1996.

조규백, 「秋史 金正喜의 濟州島 流配 漢詩文에 담긴 문학세계 탐색 -중국문인 蘇東坡와 관련하여-」, 한국외국어대학교 중국연구소, 『중국연구』 제32권, 2003.

현명관, 장애란, 「제주유배문화를 활용한 텍스타일 디자인: 추사 김정희 전각의 조형적 특성을 중심으로」, 한국디자인트렌드학회, 『한국디자인포럼』 37권, 2012.

Honoré M. France, Jan Cadieax, Edward G. Allen, Letter Therapy: A Model for Enhancing Counseling Intervention, Journal of Counseling and Development, 73(3), 1995.

Jeffrey Berman, The Writing Cure: How Expressive Writing Promotes Health and Emotional Well-Being(book reviews), Psychoanalytic Psychology, 20(3), 2003.

Joshua M. Smyth, Arthur A. Stone, Adam Hurewitz, Alan Kaell(1999),

Effects of writing about stressful experiences on symptom reduction in patients with asthma or rheumatoid arthritis. A randomized trial, JAMA(The Journal of the American Medical Association), 281(14), 1999.

Karina Davidson, Amy R. Schwartz, David Sheffield, Ronald s. McCord, Stephen J. Lepore, and William Gerin, Expressive Writing and Blood Pressure, in: Stephen J. Lepore, Joshua M. Smyth, The Writing Cure -How Expressive Writing Promotes Health and Emotional Well-Being, Washington D. C., American Psychological Association, 2002.

Nancy J. Moules, The Past and Future of Therapeutic Letters -Family Suffering and Healing Words, Journal of Family Nursing, 15(1), 2009.

Nathan R. Pyle, Therapeutic Letters as Relationally Responsive, Journal of Family Nursing, 15(1), 2009.

Roger J. Booth, Keith J. Petrie, Emotional Expression and Health Changes: Can We Identify Biological Pathways?, in: Stephen J. Lepore, Joshua M. Smyth, The Writing Cure -How Expressive Writing Promotes Health and Emotional Well-Being, Washington D. C., American Psychological Association, 2002.

◦ 단행본

김정희 지음, 임정기 옮김, 『(고전국역총서 243) 국역 완당전집 I』, 서울, 민족
　　문화추진회, 1995.

김정희 지음, 최완수 옮김, 『추사집』, 2014.

양진건 지음, 『제주 유배길에서 秋史를 만나다』, 서울, 푸른역사, 2011.

최완수 지음, 「추사실기 -그 파란의 생애와 예술」, 『한국의 미 17 -추사 김정
　　희』, 서울, 중앙일보사, 1985.

Anita Timpe 지음, 문은숙 옮김, 『분노는 나의 힘 Ich bin so wütend』, 서울,
　　북폴리오, 2008.

George W. Burns(edit.), Healing with Stories -Your Casebook Collection
　　for Using Therapeutic Metaphors, New Jersey, John Wiley & Sons,
　　2007.

James W. Pennebaker 지음, 이봉희 옮김, 『글쓰기치료 Writing to Heal』,
　　서울, 학지사, 2007.

James W. Pennebaker, John F. Evans, Expressive Writing: Words that
　　Heal, WA, Idyll Arbor, 2014.

Richard R. Kopp, Metaphor Therapy -Using Client Generated Metaphors
　　in Psychotherapy, New York, Brunner Routledge, 1995.

Stefan Hammel, Handbuch des therapeutischen Erzählens -Geschichte und Metaphern in Psychotherapie, Kinder- und Familientherapie, Heilkunde, Coaching und Supersivion, Stuttgart, Klett-Cotta, 2010.

◦ 인터넷 자료검색

한국고전번역원, 한국고전DB. http://db.itk c.or.kr/itkcdb/ mainIndexIframe.jsp.

「일본에는 '규슈 올레'…"좋은 것은 서로 배우자"」, http://news.kbs.co.kr/news/view.do?ncd=3130897, 검색일자 2015년 8월 18일.

학습자 스토리텔링 활동

제3장 제주, 유배지인가? 치유의 장소인가?
-추사 김정희의 치유적 글쓰기와 치유 스토리텔링 콘텐츠 창작 활동-

1. 글 요약하기

(이 글에서 가장 인상적인 내용부터 시작하여 요약해보자.
모둠별로 활동을 진행해도 좋다.)

2. 감정을 표현하는 치유적 글쓰기

3. 내적 심상을 다루는 치유 목적의 은유적 글쓰기

4. 타인과의 소통을 위한 치유적 글쓰기

제4장

한 조현병 환자의 딸이 사라졌다

그 이후 그에게 불쑥 찾아온 '안나', 그녀와 시작된 이야기 게임

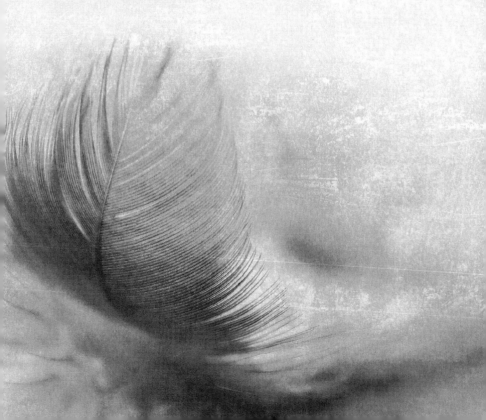

1. 들어가는 말

1.1 현실세계의 조현병 문제와 문학텍스트 『테라피』

세계적으로 조현병Schizophrenie[1])의 통상적 유병률은 각 지역, 사회, 문화 사이의 현저한 차이를 보이지 않고 국가 인구의 대략 0.5-1%에 이른다(Sartory 2007, 1). 독일은 전체인구의 1%인 80만 명 정도가 현재 조현병을 앓고 있고 매해 8천 명 정도가 새로 조현병에 걸리고 있다(BPtK 2017). 이처럼 조현병 증상을 지닌 사람이 100명당 많게는 1명에 해당하므로, 조현병은 누구나 일상에서 가끔씩 마주할 수 있는 정신질환이다. 이 유병률로 볼 때 한국도 이 질환을 앓는 사람들이 25~50만 명에 이르는 셈이 된다.[2) 더욱이 최근 한국사회는 '나 혼자 산다'는 일인가구의 가파른 증가, 가족의 지지를 받지 못한 청소년의 일탈, 장기화된 청년실업문제로 인한 청년층의 사회적 고

---

1) 정신분열증이라는 부정적 의미의 병명이 질환자에 대한 사회적 이질감과 거부감을 불러일으킨다는 문제제기가 있었다. 이에 따라 의학계는 2011년에 병에 대한 사회적 편견을 없애기 위해서 조현병(調絃病) '현악기의 줄을 고르다.'라는 의미의 은유적 용어로 정신분열증을 대체하였다. 줄을 조율하지 않으면 악기가 불협화음을 내듯, 신경계 조율이 원활하지 않은 질환자가 치료를 받아 '일상 삶의 음의 조화'를 이루어야 한다는 치료 지향적 의미를 담았다.

2) 한국의 보건복지부는 「2016년도 정신질환실태 역학조사」 결과를 2017년 4월 13일자 보도 자료로 발표하였다. 정신질환은 한국 성인 4명 중 1명이 평생 1번 이상 겪는 것으로 조사되었고, 이 가운데 조현병 증상(환청, 환시, 조정망상, 피해망상 등)을 경험한 적이 있는 사람이 71만 명에 이르는 것으로 추정했다.

립, 이혼으로 인한 가족해체 문제 등에 대한 해결의 실마리를 찾지 못하고 이 문제들과 표류하는 실정이라서 조현병 극복에 유리한 환경이 못 되고 있다.

이러한 사회 문제들을 최근 몇 년 한국의 조현병 진료 환자수의 두드러진 증가3)에 대한 직접적인 원인으로 보지 않더라도 조현병 치료를 비롯한 정신질환치료가 외과치료보다 가족과 이웃을 중심으로 질환자 주위 인간관계망 안에서 효과적으로 이루어질 수 있다는 점에서 한국사회는 어느 때보다도 치료 지향적 관계 형성과 이에 기반 한 언어 사용이 필요한 상황에 있다. 그 이유는 이러한 행위들이 약물 처방을 중심으로 한 의학의 치료 한계에 대한 대안, 보완 기능을 하여 조현병 치료에 본질적일 수 있기 때문이다.4)

여기서 언어 사용이란 '이야기' 특성과 관련하는데, 그 이유는 질환자의 인간관계에서 이루어지는 이야기와 문학적 또는 은유적이라

---

3) 연합뉴스, '망상과 환각 부르는 조현병 환자, 4년 새 10.6% 증가'(보도일자 2015년 8월 30일)

4) 한국의 정신건강의학계에서 질병의 원인을 진단하고 치료방법을 결정하는 방식의 일부는 연구자의 관점으로 볼 때 회의적이다. 의학계에서 '정신질환'인 조현병은 주로 '생물적 취약성' 즉 물질로써의 뇌의 병, 도파민 분비 조절 문제의 결과로 간주된다. 그럼으로 도파민 조절을 위해서 약물치료에 집중해야 한다고 말한다(대한조현병학회 2016, 30-32). 그러나 뇌 이상이 조현병 원인의 주를 이루는지, 도파민 분비 문제는 조현병으로 인한 결과로 봐야 하지 않을지, 생각할 필요가 있다. '상식적으로' 볼 때 의학계에서 주장하는 뇌 기능 이상 증상인 도파민 조절 문제(정신질환)는 사실 이 증상을 일으키는 원인에 기인한다. 따라서 도파민 분비 조절 이상 증상이 어떤 원인에 기인하는 것인가를 찾아서 그 문제를 (약물치료와 함께) 해결할 필요가 있다.

일컫는 성격의 치료 목적으로 고안된 이야기가 그 속성상 질환자의
증상을 드러내고 질환의 발생원인 찾기에 활용되며 나아가 치료제로
써의 기능을 수행할 수 있기 때문이다(참조, 이민용 2010). 필자는 이를
문학적 예시 차원에서 고찰하기 위하여 세바스티안 피첵Sebastian
Fitzek[5])의 소설 『테라피Die Therapie』(2006)를 사례로 삼아서 주인공
정신과 전문의 빅토르 라렌츠Viktor Larenz와 그에게 자신의 이야기
를 들고 찾아온 한 여성 아동문학작가, 이 둘 사이에 놓인 이 이야기와
이를 중심으로 한 두 인물 사이의 이야기를 중점적으로 다룬다.[6]

---

5) 독일의 심리스릴러 Psychothriller 장르 작가 피첵(1971-)은 2006년에 그의
   첫 소설 『테라피』를 선보였다. 조현병 질환자의 병적 심리를 파헤쳐 드러낸 이
   작품은 출간 열흘 만에 아마존 베스트셀러 1위에 오르며 주목을 받았다. 저작권
   법 연구로 학위를 받은 법학박사이자 소설작가인 피첵은 심리스릴러 장르의 다
   수의 작품들로 독일에서 잘 알려져 있다. 한국에서도 『테라피』 외에 최근 『탑승
   객 23명 Passagier 23』(2016)를 비롯하여, 『몽유병자 Der Nachtwandler』,
   『눈알수집가 Der Augensammler』(2011) 등 여러 작품들이 번역, 출판되었다.
6) 이 글에서 고찰하는 이야기의 성격을 세 가지로 나누어 볼 수 있다. 첫째, 등장인
   물인 '아동문학작가' 안나가 자신의 경험에 근거하여 인물, 사건, 배경, 시간,
   공간, 시점 요소 등을 갖춰서 쓴 이야기 Geschichte로서의 성격을 지닌다.(단,
   이것은 완결, 작품성, 출판이 결여된 미완의 글이라는 점에서 온전한 작품 Werk
   은 아니다.) 둘째, 그녀의 이야기를 매개로 하여 소설 내내 라렌츠와 안나 사이
   의 '일상의 구어적' 맥락에서 행하는 말하기 Erzählen로서의 특징이 있다. 셋째,
   안나가 라렌츠에게 '본인이 체험한 사건에 대해 현장감 있게 기술하고 말하는
   점'에서 내러티브 Narrativ 요소를 담고 있다.

1.2 중증 조현병 증상, 『테라피』의 망상과 환각

『테라피』는 라렌츠 박사라는 인물을 통하여 현실과 가상, 두 세계가 혼재하는 조현병 질환자의 병적 심리를 형상화한 작품이다. DSM-5에서 규정한 조현병 증상 5가지, 망상, 환각, 와해된 언어, 비정상적 운동 행동, 음성 증상negative symptoms을 일으키는 조현병 질환자는 대화할 때도 정상인과 다른 두드러진 특징이 나타난다(반힐 2016, 29-32). 조현병 질환자의 망상 증상은 이들로 하여금 사실이나 진실이 아닌 것을 사실과 진실인 양 확신을 갖고 주장하도록 만듦으로써 대화 집단 내에서 대화는 맥락으로부터 벗어나고 소통은 경직되어 결국 서로 대립하게 된다. 피첵은 『테라피』 프롤로그부터 조현병 질환자 라렌츠의 망상 증상을 극적으로 형상화한다. 그는 사라진 자신의 딸 요제피네(요지) Josephine(Josy)를 찾겠다며 딸이 존재하지도 않는 병원에서 딸이 존재한다는 확고한 믿음으로 아이를 필사적으로 찾으려든다. 이미 정상인의 대화를 기대할 수 없는 상황이 펼쳐진다. 그의 비정상적인 망상 행동으로 인해 병원 관계자들과 거칠게 마찰을 빚는 사건이 극적으로 전개된다(Fitzek 2006, 12-18).[7]

환각은 조현병 질환자에게 나타나는 대표적인 증상에 해당한다. 물

---

7) 이하 Die Therapie에 대한 인용은 이 텍스트에 따르며 본문의 괄호 안에 쪽수만 표시한다.

론 중증의 환각에 시달리는 조현병 질환자도 병식Krankheitseinsicht
은 없다. 이러한 조현병 질환자는 본인만의 병적 쾌감에 젖은 환각세계
halluzinatorische Scheinwelt에 빠져 환청, 환시, 환후 등을 경험하고
이를 실재하는 것으로 믿는다. 따라서 환각 증상에 빠진 조현병 질환자
는 정상인이 경험하는 일상적 대화가 불가능하다. 더 정확히 말해 이는
삶의 총체적 붕괴와 단절을 의미한다.

피첵은 『테라피』에서 라렌츠의 환각세계를 비중 있게 형상화하였
다. 파르쿰 섬Insel Parkum, 이곳은 그가 평온하게 지내기에 완벽하지
만 치료의 진전을 기대할 수 없는 그의 병적 세계이다. 이곳에 한
의문의 여성작가가 자신의 조현병 문제와 라렌츠 조현병의 치료책을
동시에 갖고 찾아온다. 본 연구의 본론에서 주요하게 다룰 그녀의
이야기가 라렌츠에게 전해지는 파르쿰은 『테라피』 사건 진행의 주요
배경이 된다.

1.3 『테라피』의 독서 가치와 연구 필요성

조현병 질환자의 삶을 보여주는 피첵의 『테라피』는 G. 뷔히너의
『렌츠Lenz』처럼 질병기술학Nosographie에 기여할(도기숙 2010, 107-109)
여지는 커 보이지 않더라도 대중소설을 즐겨 읽는 독자들에게 현실과
환각이 혼재 하는 조현병 질환자의 증상이 정신분석적으로 어떠한지

긴장감 있고 흥미롭게 확인시켜주는 소설이다. 작가 피첵은 현실세계와 환각세계가 뒤섞인 한 조현병 질환자의 병적 심리에 관한 의학적 심리학적 담화를 『테라피』에서 음산한 분위기로 각색해냈다. 독자는 조현병 질환자의 병적 심리를 심리스릴러라는 미로에 빠져 관찰함으로써 조현병 질환자의 삶을 경험할 수 있다. 이처럼 『테라피』는 대중들의 소설읽기 기호에 부응하면서도 한 조현병 질환자의 삶을 회복 지향적으로 형상화했다는 점 그리고 이야기 치료 실제에 대한 미학적 고찰이 가능하다는 점에서 독서와 연구 가치가 있는 작품이라 할 수 있다.[8]

---

8) 『테라피』의 서사방식은 '치료자와 내담자가 특정 작품을 매개로 치료과정을 전개'하는 특징을 지녔다. 이와 유사한 치료 방식을 보이는 몇몇 선행 연구들은 다음과 같다. Klosinski, Gunther(1996)는 연구자의 질환자(에스더, 가명 15세)에게 도둑신랑 Der Räuberbräutigam 동화읽기를 통해 정신질환을 치료한 사례연구이다. 변학수, 채연숙, 김춘경(2008)은 하인즈와 하인즈-베리의 촉매 및 이저의 독서행위 이론과 아동청소년문학 작품들을 활용하여 정서적 인지적 행동적 변화와 삶에 활력을 제공하는 통합치료에 관한 문헌중심연구이다. 이민용(2009)은 치료자 샤라자드가 심리적으로 심각한 상태에 빠진 내담자 샤리아르 왕에게 문학, 역사, 철학 등 인문학을 바탕으로 한 스토리텔링으로 왕을 치료한 내용의 『천일야화』를 분석한 문헌중심연구이다. 박정혜, 김춘경(2011)은 10년 이상 병원에 입원한 조현병 질환자들에게 정신, 감각, 초감각, 지각을 포괄하는 심상 개념의 시치료를 실행하여 치료 효과를 얻은 사례연구이다.

2. 『테라피』, 조현병 질환자의 환각세계가 이야기로 붕괴되다

2.1 한 조현병 질환자, 그의 딸 실종사건 그리고 한 여성의 등장

소설 『테라피』는 조현병에 걸린 정신의학과 전문의 라렌츠를 주인공으로 한다. 그는 요제피네 실종 사건으로 인해 조현병이 악화되어 중증 환각 증상에 빠지게 된다. 소설 대부분의 서사시간은 그가 베를린 베딩Berlin-Wedding구역에 있는 정신병원 입원실과 그의 환각적 가상세계, 파르쿰 섬을 반복적으로 오가는 방식으로 형상화되었다. 작가 피첵은 이 병원에서 근무하는 그의 주치의 로트 박사Dr. Roth와 라렌츠의 대화 내용 그리고 그의 조현병으로 인하여 발생한 병적 환상세계 파르쿰에서 일어나는 사건 사이의 경계를 모호하게 형상화하여, '정상적인' 현실세계의 삶과 병적인 환각세계의 삶을 오가는 조현병 질환자의 분열된 모습을 보여주려는 인상을 남긴다.

시종일관 작가는 이를 통해 사건간의 거듭되는 반전 효과를 작품에서 무난히 이루어내고(23ff.), 대중적 심리스릴러 장르답게 에필로그에 이르러서 딸을 유괴한 뜻밖의 인물을 밝힘으로써 극적 반전을 절정에 이르게 한다(323-331). 소설은 줄곧, 딸을 찾는 여정이자 열쇠가 대대적 수색이나 언론 보도가 아닌(29), 어느 날 불쑥 라렌츠에게 나타난 한 여성이 그에게 소개한 이야기와 이를 매개한 둘 사이의 대화임을 비중 있게 형상화했다.

작품 초반부에서 드러난 라렌츠의 조현병 환각 증상은 가출했는지 납치되었는지 혹은 사망했는지 알 수 없는 사라진 딸 요제피네와 관련한 것으로 제시된다. 그는 이미 어디론가 사라져버린 딸을 찾겠다며 동료 의사가 일하는 병원에서 큰 소란을 일으키고 정신병원에 입원하게 된다(10-19). 그는 이로부터 4년 동안 신경안정제를 복용하지만 오히려 조현병에 갇혀 그의 병적 세계 파르쿰 섬에서 평온하지만 현실적으로 조현병 치료에 진전이 없는 시간을 보낸다. 즉 파르쿰에서의 삶은 오히려 치료에 도움이 되지 않는 약물치료 과정에서 발생한 그의 환각세계에 불과했다.

그의 주치의 로트는 이러한 사실을 알아채고 약물 투여를 중단한다(19-20). 그의 평온한 가상세계 파르쿰은 이때부터 점차 균열되기 시작한다. 그의 조현병 치료는 약물복용중단과 함께 시작된 실질적 치료제인 이야기로 넘어간다(24). 이제 그는 한 여성과 '이야기 게임'을 시작함으로써 사람들과 자신에게조차 침묵했던 딸 실종 사건의 진실에 다가서게 되고 결국 조현병과 뮌히하우젠 증후군을 극복하고 사건의 진실을 로트에게 알린다(322).

파르쿰 섬 세계의 미세한 균열(약물치료중단 초기의 결과)은 라렌츠의 조현병 치료를 알리는 첫 신호, 대폭풍 안톤Anton이 섬에 서서히 몰려오는 것으로 형상화된다. 이에 연이어 라렌츠의 분신Doppelgänger과 같은 미스터리 인물이 악천후와 함께 파르쿰 섬에 음산하게 등장한다 (32-35).

2.2 음산하지만 거부할 수 없는 이야기가 전개되다

안나 슈피겔Anna Spiegel, 그녀는 자신을 아동문학작가로 소개하고(43), 그녀의 조현병 발병 원인이 된 9라는 가제목(79)을 단 이야기를 라렌츠가 잠시 동안 들어주길 간청한다. 뜻밖에도 본인과 같은 조현병을 앓는 한 여성 질환자가 찾아와서 치료를 요청한 것이다. 이로써 라렌츠는 '특정 사건을 중심으로 한 이야기가 그 전개과정에서 형성하는 긴장감'에 직면하게 된다. 그러나 그는 이미 4년 동안의 휴가로 환자치료를 중단한 상태다. 그는 휴가에 방해가 되는 어떠한 이야기 경험도 피하고 싶어 한다. 그는 타인과 이야기를 하는 한 지속되는 긴장상태를 회피하려는 듯 그녀의 간청을 들어주려 하지 않는다 (38). 이는 질환자의 이야기가 일상적인 이야기보다 더 많은 "긴장감 Spannung"을 형성하기 때문이다(Boothe 2006, 17, 22f.).

제발 돌아가 주세요.

좋아요, 그럴게요. 약속합니다. 하지만 먼저 제 이야기를 들어주세요. 저에 관한 이야기예요. 단 5분이면 됩니다. 믿어주세요. 후회하시지 않을 겁니다.

Bitte gehen Sie.

Ja, das werde ich. Versprochen. Aber erst möchte ich Ihnen
eine Geschichte erzählen. Meine Geschichte. Glauben Sie mir.
Es sind nur fünf Minuten. Und Sie werden keine davon
bereuen(40).

그는 안나의 집요하고 간곡한 부탁에 마침내 그녀의 요구를 들어주
고 곧바로 이야기에 자동적으로 반응하게 된다. 그는 거부할 수 없이
충격적으로 이야기에 빠져든다. 왜냐하면 안나의 이야기는 그의 무의
식 세계에서 억압Verdrängung 상태로 갇혀 있는 자신의 딸 요제피네
사건과 매우 흡사하여 그가 더 이상 외면할 수도, 그의 관심 밖 일이
될 수도 없기 때문이다. 이로써 현실감으로부터 괴리된 사고 능력과
이로 인해 주변 사람들이 알아들을 수 없었던 대화 기능은 서서히
그리고 바르게 다시 작동하기 시작한다. 파편화 되어 흩어져 있던
라렌츠의 언어 기호들이 요제피네 사건과 관련한 내용으로 정리되면
서 그의 이야기 구성력은 회복된다(Vgl. Brinker 2001, 17).

어느 날 이 꼬마 샤를로테는 자신의 운명을 스스로 책임지기로 결심
하고 집을 가출해요.

요지. 빅토르는 딸에 대한 생각을 떨치려 했지만 소용없었다.

Eines Tages beschloss die kleine Charlotte dann, ihr Schicksal selbst in die Hand zu nehmen, und riss von zu Hause aus. Josy. Viktor hatte versucht, diesen Gedanken zu verdrängen, aber war ihm nicht gelungen(75).

이미 말씀 드렸듯이 샤를로테는 내 삶에 실제로 들어온 마지막 소설 인물이에요. 내가 이 여자 아이와 경험한 것은 너무나 처참한 것이어서 내 인생은 완전히 붕괴되었어요.

Wie ich schon sagte, Charlotte war die letzte Romanfigur, die in mein Leben trat. Was ich mit ihr erlebte, war so schrecklich, dass ich danach den Zusammenbruch hatte(77).

대략 4년 전 베를린이었어요. 겨울이었죠.
11월 26일이었겠지. 빅토르는 속으로 안나의 이야기에 덧붙였다.

Das war vor etwa vier Jahren in Berlin. Im Winter.
Am 26. November, ergänzte Viktor lautlos(77).

조현병으로 인하여 붕괴된 라렌츠의 이야기 기능은 이를 위한 치료제가 될 수 있는 안나의 이야기로 인하여 제 기능을 찾기 시작했고,

두 인물은 뜻하지 않게 발생한 이야기의 역할 교환도 점차적이고 자연스럽게 바꾸어갔다. 조현병 치료를 받기 위해 찾아온 안나가 오히려 치료자 역할을 하게 되고 정신의학과 전문의 라렌츠는 내담자가 된다. 둘은 당연한 듯 치료자와 내담자, 이야기 발신자와 수신자 역할 교환을 파르쿰 섬의 붕괴 시까지 수용한다. 라렌츠가 거부하고 기대하지 않았던 본인 치료라는 사태를 그녀의 이야기가 발생시켜서 그를 치료 과정으로 끌어들인 이 사건으로부터 볼 때, 그녀의 이야기는 그에게서 수동적으로나마 "이야기가치Erzählwürdigkeit"를 입증한 셈이다.

이처럼 치료자 라렌츠가 내담자 안나를 치료한다는 이들 인물 사이의 처음 관계이자 안나의 요구는 정반대로 바뀌었다. 이들의 관계는 새로운 양상을 띠어 간다. 무엇보다도 조현병 치료를 거부하는 라렌츠의 문제가 이야기의 개입과 작동으로 풀리기 시작하여, 점점 더 그는 안나에게서 더 많은 이야기, '결말에 이르는 이야기'를 갈망하게 된다. 그리고 마침내 안나의 이야기는 딸을 잃은 아버지 라렌츠의 처지에서 그가 반드시 들어야 할 가치 있는 이야기가 된다(Vgl. Gülich/Hausendorf 2000, 374).

이제 더 이상 성가시게 하지 않을게요. 저는 내일 집에 돌아갈 수 있을 겁니다.

안 돼! 빅토르는 열심히 해결책을 간구했다. 비록 몇 분 전까지만 해도 그는 안나에게 오지 말 것을 요구했지만, 이젠 그녀가 오지 않는 것을 용납할 수 없게 되었다.

Ich werde Sie ab sofort nicht mehr belästigen. Vielleicht kann ich ja morgen schon nach Hause.

Nein! Viktor suchte fieberhaft nach einem Ausweg. Er konnte es nicht zulassen, dass sie nicht mehr wiederkam, obwohl es genau das war, was er noch vor wenigen Minuten von ihr verlangt hatte(78).

한편으로 라렌츠는 그녀의 이야기를 들을수록 딸을 찾아야 한다는 강한 욕구에 사로잡힌다. 그래서 정신과 전문의로서 내담자에게 해서는 안 되는 사실 확인을 위한 질문, "일종의 심문Es war ein Verhör(101)." 그리고 거짓말까지 저지르는 실수를 범한다. 치료자가 내담자의 치료와 관련 없는 어떤 사실을 내담자에게서 파악하는 일은 상담 과정에서 일어날 수도 없고 일어나서도 안 되는 일이다.

당신이 방갈로 앞에 섰을 때 무슨 소리를 들었는지 혹시 기억할 수 있나요?
안나는 의아한 표정을 지으며 그를 쳐다보았다.
그것이 저의 치료에 중요한 것인가요?

아니, 나에게 중요한 것이지.

그래요. 라렌츠는 거짓말을 했다.

Können Sie sich daran erinnern, ob Sie etwas gehört haben,

als Sie vor dem Bungalow standen?

Anna sah ihn fragend an.

Ist das für meine Therapie wichtig?

Nein, Aber für mich.

Ja, log er(98).

내담자가 상담시간에 본인 문제와 관련한 이야기나 은유적 표현을 생성하면 치료자는 내담자가 어렵게 꺼내놓고 공들여 만든 이것을 치료를 위해 사용한다. 그러나 예기치 않은 안나와의 만남이 그로 하여금 이러한 기초적 지식까지 잊게 한다. 그는 딸을 잃은 아버지의 처지에서 '사실 확인을 위한 질문'을 안나에게 감행한다. 그 결과 그녀의 '이야기 생성과 활동은 중단' 된다. 내담자가 자신의 문제와 관련하여 구축한 이야기 세계가 사실 확인을 위한 치료자의 질문 공격에 무너져 내린다.

어디로 갔나요? 거기가 정확히 어디였나요?

뭐라고요? 그것이 그렇게 중요한가요?

안나는 다소 당황한 나머지 눈을 깜박였다. 그녀는 더 이상 이야기할 흥미를 일시에 잃은 듯했다.

그렇지 않아요. 미안합니다. 계속 이야기해 주세요.

안나는 헛기침을 하며 자리에서 일어났다.

Wohin? Wo genau war das?

Was? Wieso ist das so wichtig? Anna blinzelte etwas verstört und schien auf einmal doch keine Lust mehr zu haben weiterzureden.

Ist es nicht. Verzeihen Sie. Fahren Sie fort. Anna räusperte sich und stand auf(78).

치료자 자리에 있지만 실질적으로 내담자인 라렌츠는 딸을 찾고자 하는 이유로 이 이후로도 여러 차례 안나의 이야기 전개를 방해한다. 표면적으로 이것은 그가 친딸을 찾으려는 갈망의 당연한 표출이다. 그러나 다른 한편으로 그가 안나의 이야기를 방해한다는 사실은, 그가 본인의 조현병 치료를 거부하는 것이자 치료 진전이 없음 곧 환각세계 파르쿰 섬 삶으로의 퇴행 추구를 의미한다. 그가 필사적으로 파르쿰 섬에 남기 위하여 현실세계의 인물 로트 의사와 협상하는 장면에서 보이듯이, 이는 라렌츠 본인도 의식하지 못한 채 조현병 치료를 거부하는 내면세계의 반응 즉 질병의 영향에 사로잡힌 정신의 표출이다.

[...] 내가 파르쿰으로 돌아갈 수 있게 단지 나에게 약을 건네주세요. [...] Gib mir einfach den Pillencocktail, und ich kann zurück nach Parkum(319).

날씨는 따뜻하고 온화했고, 아내는 내게 매일 전화를 주면서 곧 방문하려고 했지요. 할버슈테트는 발전기를 손봐주었고, 미하엘은 그가 싣고 온 신선한 생선을 가져다주었지요. 진트바트가 내 발치에 앉아 있었고, 무엇보다 중요한 것은 요지가 나와 살았다는 것이죠. 모든 것이 완벽했어요. 그러나 폭풍이 일어난 것은 당신들이 나의 약을 빼앗고 나서부터였어요.

Das Wetter war warm und mild, meine Frau rief täglich an und wollte mich bald besuchen. Halberstaedt kümmerte sich um den Generator, und Michael brachte mir frischen Fisch von seinen Fahrten mit. Sindbad lag mir zu Füßen. Und das Wichtigste: Josy lebte bei mir. Alles war bis dahin perfekt. Der Sturm zog erst auf, als ihr meine Medikamente abgesetzt habt(319).

2.3 이야기로 병적 환각세계를 결말내다

안나가 쓴 이야기는 사실 라렌츠의 병적 환각세계인 파르쿰 섬,

즉 그의 머릿속에서 생성되어 존재하는 만큼, 점점 그의 현실적 삶과 조현병으로 인한 환각적 요소의 경계가 모호해진다. 소설『테라피』결말부에서 어느덧 안나 이야기의 주인공이 샤를로테에서 요제피네로 바뀐 것처럼 그녀의 이야기에 라렌츠의 현실 삶의 요소들이 더욱더 뒤섞인다. 이는 심리스릴러 장르로써『테라피』가 사건을 둘러싼 공포심, 호기심, 긴장감 따위를 독자에게 형성하여 작품으로의 몰입을 가능케 하면서9) 다른 한편으론 라렌츠가 조현병을 점차 극복하여 건강한 삶으로 나아가도록 독려하는 이야기 치료의 방법이자 과정을 보여주는 것이라 볼 수 있다.

결국 라렌츠는 그의 아내 이사벨에게 쫓기는 과정에서 질식사한 요제피네의 장면을 묘사한 안나 이야기의 결말부를 접하고 격한 감정에 휩싸이게 됨으로써 조현병 극복이라는 목표에 더욱 가까워지게 된다. 안나는 그의 조현병 악화의 근원적 유발 원인이 되는 이 장면을 이야기로 재현함으로써 그의 질병에 대한 근본적인 치료행위를 실행

---

9) 라렌츠가 안나의 이야기를 읽는 과정에서 샤를로테가 요지로 대체되는 장면은 심리스릴러 장르에 걸맞게 처리된다.
더 이상 저를 샤를로테라 부르지 마세요. 여기 작은 섬에 저는 다른 이름을 갖고 있어요.
요지? 빅토르는 이렇게 말하며 안나를 쳐다보았다. 안나는 재미있어 하며 말했다. 당연하죠. 당신과 나는 처음부터 이 이야기가 어떤 사람에 관한 것인지 이미 알고 있지 않았나요?
Nenn mich nicht mehr Charlotte. Hier, auf meiner kleinen Insel, habe ich einen anderen Namen.
Josy? Viktor sah auf, und Anna lächelte. Natürlich. Wir wussten doch beide von Anfang an, um wen es hier geht, oder(280-281)?

한 것이다. 안나의 이야기는 라렌츠가 필사적으로 회피하려 했던 딸 실종 사건의 진상에 그가 다가서도록 만들어서 그의 감정을 격정적으로 동요시킨다.

요지에게 무슨 일이 생기지? 아이는 어디 있어?
계속 읽어봐요!
창고 문이 다시 열렸다. 이번엔 내 위쪽에서 발소리를 들었다. 나는 선택의 여지가 없었다. [...] 단지 유일한 가능성이 남았다. 나는 아이를 아래로 끌어내려 함께 (기름 속으로) 잠수했다. 기름은 죽음의 외투처럼 우리를 감쌌다. 끈적이는 기름막이 옷에 완전히 스며들었고 얼굴의 모든 구멍을 막았다. [...] 다시 기름 위로 얼굴을 내밀었을 때, 나는 축 늘어진 요지를 팔로 안았다. 나는 요지 입에서 기름을 닦아냈다.
Was ist mit ihr geschehen? Wo ist sie?
Lies weiter!
Die Tür flog wieder auf, und diesmal hörte ich die Schritte über mir. ich hatte keine andere Wahl. [...] bleib mir nur eine einzige Möglichkeit. Ich riss die Kleine nach unten und tauchte mit ihr ab. Das Öl umschloss uns wie ein Mantel des Todes. Sein klebriger Film durchdrang alle Kleider und

schloss jede Öffnung im Gesicht. [...] Als ich wieder auftauchte, hielt ich Josy leblos in meinen Armen. ich strich ihr das Öl vom Mund(294-295).

거짓말이야!

아니에요. 그렇지 않아요. 안나가 차갑게 대답하고 볼보의 옆 유리창을 잠시 응시했다. 빅토르는 손으로 눈물을 닦고 콧물을 훌쩍였다.

나에게 말해, 사실이 아니라고.

그럴 수 없어요.

왜 당신은 나를 괴롭히지? 왜 이야기를 지어내지? 요지는 죽지 않았어.

아니요. 죽었어요.

[...]

당신은 누구야?

나는 안나 슈피겔. 내가 요지를 죽였어요.

Das ist eine LÜGE!

Nein. Ist es nicht, antwortete Anna kalt und sah kurz aus dem Seitenfenster des Volvos. Viktor wischte sich die Tränen mit dem Handrücken aus dem Gesicht und zog die Nase hoch.

Sag mir, dass das nicht wahr ist.

Das kann ich leider nicht.

Warum quälst du mich? Warum denkst du dir das alles aus?

Josy ist nicht tot.

Doch.

[...]

Wer bist du?

Ich bin Anna Spiegel. Ich habe Josy umgebracht(296-297).

안나가 결정적인 말을 뱉기 전에 빅토르는 안나의 눈을 응시했다. 그리고 일이 일어났다. 자동차가 솟아올라서 파도를 향해 돌진하는 바로 그 순간, 안개는 걷히고 빅토르는 모든 것을 이해하기 시작했다. 난방 장치, 천장 램프, 작은 방 모든 것이 일시에 분명해졌다. [...] 하얀 철재 침대, 회색 양탄자, 떨어지는 주사 방울 이제 그는 모든 의미를 알게 됐다.

Viktor sah Anna in die Augen, bevor sie die entscheidenden Worte sprach. Und dann passierte es. In dem Moment, in dem der Wagen abhob und auf die Wellen zuflog, lichtete sich der Nebel, und Viktor begann alles zu verstehen. Eine Heizung. Die Deckenlampe. Das kleine Zimmer. Auf einmal war ihm alles klar. [...] das weiße Metallbett, die graue Tapete, der Tropf. Jetzt verstand er. Jetzt machte alles Sinn(300).

3. 라렌츠와 안나 사이의 이야기와 그 치료적 기능

3.1 원활한 소통 기능

『테라피』에서 안나의 이야기는 라렌츠와 안나 사이의 원활한 소통의 길을 열어주었고 종국에는 이들이 분리될 수 없는 관계를 형성하도록 작용한다. 라렌츠와 안나는 원래 만나야 할 이유가 없었다. 그래서 그녀는 그로부터 어렵게 얻은 5분 동안 본인 병의 증세만 나열하지 않는다. 주어진 기회를 더 확대하기 위해서 이야기를 선택한다. 이야기를 선택한 결과는 5분 후 만남의 단절이라는 이미 두 인물이 약속한 '정해진 사실'의 취하에까지 이르게 하고 나아가 라렌츠의 조현병과 딸 실종 사건을 점차적으로 극복하기 위해 필요한 이야기의 지속성을 가능케 한다. 이야기의 내재적 성질인 사건의 연결성이 대화 주체들에게 원활한 소통과 몰입을 전제한 단단한 연결고리 형성에 도움을 주었다(Klosinski 1996, 178).

라렌츠는 그의 지인들의 경고와 함께 그가 경험한 안나의 의심스럽고 소름끼치는 언행 때문에 그녀를 불신하여 만남의 기회가 사라질 위기를 자초하지만, 그는 이미 그녀의 이야기에 거부할 수 없게 사로잡힌 상태라 지속적으로 그녀의 이야기에 갈급해 한다(196-199). 발화자와 수용자 사이의 원활한 소통을 가능케 한 만남 초기 안나의 이야기는 사건의 진행 과정을 거치면서 결국 이야기 수용자인 라렌츠와 불가분의 것이 된다. 정신질환 치료가 치료자와 내담자 사이의 원활한 소통을 전제해야 한다는 점에서 라렌츠의 조현병 치료에 "맞춰서 삽입된gezielt eingesetzt"(Klosinski 1996, 178) 안나의 이야기는 둘의 원활한 소통을 돕는 기능을 넘어서 불가분의 관계를 맺어주는 매개체가 된다.

만약에 박사님이 저에 대해 그렇게 생각하신다면, 저는 우리의 치료가 아직도 의미가 있다고 믿을 수 없어요. 빅토르는 그의 환자가 그렇게까지 화를 내는 건 처음 경험했다. 그녀는 외투와 핸드백을 들고 그의 앞을 휙 지나 나가버렸다. 그러나 복도에 채 이르기도 전에 그녀는 다시 돌아왔다. 그리고 빅토르가 미처 손을 쓸 사이도 없이 그녀는 그에게 할 수 있는 최악의 행위를 저지른다. 그녀는 책상에 놓인 갈색 서류봉투를 집어서 벽난로 불 속에 던져 넣었다. 봉투가 바로 불에 탔다.
안 돼.
빅토르는 뒤따라 서둘러 갔지만 한 발자국도 갈 수 있는 힘조차 그에게 없었다.
우리의 대화가 끝이 났으니 이 서류봉투도 박사님께 더 이상 가치가 없겠지요.

기다려요! 그가 그녀를 불렀지만 안나는 돌아보지 않고 현관문을 쾅 소리 나게 닫고 가버렸다.

그녀는 떠나갔다. 그리고 언젠가는 요지에 대한 진실을 알아낼 수 있으리라는 그의 희망도 그녀와 함께 사라졌다. 그 희망은 불길 속에서 연기로 변했고 벽난로 굴뚝을 통해 서서히 빠져나갔다.

Aber wenn Sie so von mir denken, dann glaube ich kaum, dass unsere Therapie noch Sinn macht.

Zum ersten Mal erlebte Viktor seine Patientin völlig verärgert. Sie griff nach Mantel und Handtasche und stürmte an ihm vorbei. Kaum im Flur angelangt, kam sie jedoch wieder zurück. Und bevor Viktor etwas dagegen unternehmen konnte, tat sie das Schlimmste, was sie ihm antun konnte. Sie nahm den braunen Umschlag vom Schreibtisch und schleuderte ihn in den Kamin, wo er sofort Feuer fing.

Nein.

Viktor wollte hinterherhasten, aber ihm fehlte jetzt sogar die Kraft, um auch nur einen einzigen Schritt gehen zu können.

Da unsere Gespräche beendet sind, hat das wohl auch keinen Wert mehr für Sie.

Warten Sie!, rief er ihr hinterher, doch Anna drehte sich nicht

um und warf lautstark die Haustür hinter sich ins Schloss.
Sie war fort. Und mit ihr verschwand auch seine Hoffnung,
jemals die Wahrheit über Josy zu erfahren. Sie hatte sich in
den Flammen zu Rauch verwandelt und entwich langsam
durch den Abzug des Kamins(198-199).

3.2 거울 기능

『테라피』에서는 줄곧, 안나 '슈피겔'Anna 'Spiegel'의 언행이 라렌
츠의 모습을 '비춰주고', 그녀의 이야기는 그의 딸 사건을 그가 확인
하도록 돕는 "거울기능Spiegelfunktion"(Klosinski 1996, 178)을 한다.
이에 관한 예를 이 소설 프롤로그에서 일어난 사건에서 확인할 수
있다. 요제피네는 라렌츠가 사는 현실세계 베를린에서 아버지의 친구
이자 피부과 전문의 그롤케 박사Dr. Grohlke에게 치료를 받았다. 그러
나 요제피네가 사라진 이후에도 라렌츠는 혼자서 그곳에 찾아가 진료
예약도 하지 않은 딸을 찾겠다며 일련의 조현병 발작 증상을 보였다.
이와 동일하게 파르쿰 섬에서 안나도 라렌츠가 보는 앞에서 신경질적
으로 천장을 쳐다보며 두 주먹을 쥐기도 하고, 내면으로부터 분노가
이는 모습을 보이기도 하고, 여러 색채로 세상을 보기도 한다. 그녀는
처음에는 색깔들이 보이고, 그리고 음성이 들리고, 마지막에는 환영

을 본다며 전형적인 조현병 증상을 밝힌다(190-191). 이는 라렌츠의 분신과 같은 안나 스스로가 조현병을 앓는 모습을 그에게 보여줌으로써 몸소 라렌츠의 거울 역할을 한 것이다.

또한 안나의 이야기는 라렌츠가 가장 대면하기 어려운 사실을 반영하는 거울 기능을 한다. 그는 가족별장의 선착장에서 요제피네를 자칫 익사시킬 수 있는 행위를 저질렀다(312). 이 사건과 상응하여 그가 요제피네를 기름에 잠겨 처참하게 죽이는 모습(294f.)을 그린 안나의 이야기는 그가 행한 현실의 사건에 대한 거울처럼 그에게 비춰진다. 그는 딸에 대한 미안한 마음, 연민, 북받쳐 오르는 사랑의 감정에 휩싸이게 됨으로써 이후로 병적 심리는 소산Abreagieren되고 사건의 진실에 다가서게 된다. 라렌츠는 안나에게 "너는 누구야?WER BIST DU(297)?"라고 절규하는데 독자의 궁금증을 자극하기 위한 작가의 의도가 담기기도 한 이 질문은 오히려 조현병 질환자인 라렌츠가 자신에게 '도대체 나는 누구인가?'라는 질문이기도 하다.

> 안나 슈피겔!
> [...]
> 갑자기 의미가 분명해졌다. 안나(Anna). 뒤로나 앞으로나 동일하게 읽는. 좌우가 거꾸로 된(Spiegelverkehr).
> 내가 바로 당신이군! 그는 그녀를 향해 소리쳤고 차는 서서히 사라져

병원 입원실로 변하는 것을 보았다.

[...]

베를린에는 아름답고 햇살이 환한 겨울 오후가 찾아왔다. 바람은 잦았고 구름은 걷혔으며 지난 며칠 동안의 악천후는 완전히 사라졌다.

Anna Spiegel!

[...]

Die Bedeutung war plötzlich klar: Anna. Vorwärts wie rückwärts gelesen. Spiegelverkehrt. Ich bin du!, sagte der zu ihr und sah, wie das Auto langsam verschwand und sich in ein Klinikzimmer verwandelte.

[...]

Es war ein schöner, sonniger Winternachmittag in Berlin. Der Wind hatte nachgelassen, die Wolken lockerten auf und das Unwetter der letzten Tage hatte sich endgültig verzogen (299-300).

3.3 치료제 기능

요제피네 사건과 유사한 내용의 안나 이야기는 라렌츠가 자신의 무의식을 "추론Rückschlüsse"하도록 작용한다. 안나 슈피겔의 정체는

다름 아닌 라렌츠, 즉 그의 거울이라는 점에서 안나의 이야기는 라렌츠의 이야기이므로 그녀의 이야기는 줄곧 그의 현실경험과 심적 상태가 어떠한지 그에게 추론된다. 나아가 그는 안나의 이야기에서 딸이 이사벨에게 쫓기고 결국 죽어가는 모습을 경험함으로써 무감각했던 감정에 동요가 일어나는 "심적 변화Psychische Veränderung"를 겪는다(Jesch u. a. 2006, 40). 그는 이야기의 인물과 사건을 체험함으로써 파르쿰 섬에 갇힌 과거와 현재의 거짓된 삶이 아닌 새롭고 건강한 삶이 무엇인지 깨닫게 된다.

라렌츠가 경험한 안나의 이야기는 조현병 해결을 위한 대안적 희망적 성격을 담고 있지는 않지만(278ff.), 그의 무의식 세계에서 작동하는 방어기제와 그 형성 원인이 되는 과거 사건의 모습을 드러내는 기능을 한다. 그는 이에 대한 확인 과정을 거침으로써 감정적 동요와 격정을 일으키고 문제의 현실적 정황을 재해석, 재수용 하게 된다. 여기에 이야기의 힘이 있다. 그는 안나와 3주간의 이야기하기 경험을 마친 후 마침내 『테라피』말미에서 주치의 로트에게 자신의 딸이 어디에 있는지 알리고 사건 해결의 주체로 서게 된다.

요지는 어디 있나요? 로트는 라렌츠의 어깨를 흔들어 깨우며 물었다.

시체는 어디에 있어요?

한순간 그의 환자는 눈을 가물거렸지만 다시 시선은 선명해졌다.

라렌츠는 그의 마지막 몇 마디를 확고하고 분명한 목소리로 말했다.

잘 들으시오. 로트 박사가 다시 허리를 굽혀 그에게 밀착했다.

잘 들으시오 젊은 친구. 지금 내가 당신에게 하는 말은 당신을 세상에서 유명하게 만들 겁니다.

Wo ist Josy? Er schüttelte Larenz an der Schulter.

Wo ist ihre Leiche?

Für einen Moment sah er, wie die Augen seines Patienten flimmerten, doch dann war sein Blick wieder klar. Larenz sprach seine letzten Worte mit fester, deutlicher Stimme.

Passen Sie gut auf, sagte er, und Dr. Roth beugte sich wieder zu ihm runter. Ganz nah.

Hören Sie gut zu, mein junger Freund. Jetzt sagte ich Ihnen etwas, was Sie berühmt machen wird(321f.).

라렌츠가 현실세계에서 요제피네에게 저질렀던 일이 파르쿰 섬에서 안나의 이야기를 통해 그에게 생생하게 재생되었다. 그가 저지른 일이란 그의 아내 이사벨이 요제피네를 해할지도 모른다는 착각에 딸을 '살리기 위해', "반제 호수 안 슈바넨베르더의 가족저택die Villa der Familie auf Schwanenwerder am Wannsee" 근처의 물속에 요제피네를 집어넣고 질식할 때까지 손으로 딸의 입을 틀어막았던 사건이다

(311f.). 이것은 안나의 이야기에서 이사벨을 피하여 라렌츠가 요제피네와 달아나다가 궁지에 몰리자 기름통에 딸을 숨기는 과정에서 질식해 죽인 파르쿰 섬 사건(294f.)의 실재 사건이었다. 그러나 그는 가족 저택이 아닌 파르쿰 섬에 자신이 있다고 믿었고, 이사벨의 목소리를 듣는다고 믿었고, 이사벨을 보았다고 믿었지만 이는 현실과 환각을 혼돈 하는 중증 조현병 질환자 라렌츠의 증상이었다(312). 작가는 『테라피』에서 이 사건을 라렌츠의 의식과 무의식 심급Instanz의 전개로 보여줌으로써 그의 내면의 근본적 충돌 상황(Vgl. Jesch u. a. 2006, 39)을 재구성했다.

파르쿰 섬은 안나와 그녀의 이야기 등장으로 인하여 마치 최면치료 상태와도 유사해졌다. 라렌츠는 치료자로서의 안나에 의해 전해진 요제피네 질식사건 이야기를 체험하고 격적적으로 감정을 표출함으로써 질환이 사라지는 효과를 보았다(298ff.). 브로이어와 프로이트 J. Breuer/S. Freud는 질환의 원인이 되는 문제 이야기의 재생과 이 행위의 치료적 중요성을 여러 차례 강조했다. 브로이어는 그의 치료 사례, 안나 O. 양에서 "히스테리 현상을 일으켰던 사건들이 최면 중에 재생되자마자 히스테리 현상들이 사라지더라는 경험은, 그 논리적 일관성이나 체계적 실행에서 더 바랄 것 없는 치료적 기술 기법을 끌어내었다. [...] 이 사건에 관해서 이야기하면 증세는 영구히 사라진다."[10]라고 밝힌다. 질환자가 질환의 원인이 되는 사건을 이야기로 재현하여 쌓인 울분을 마음껏 표현하면 "정신질환Psychische Erkrankungen"으로 인한 신체적 이상 증상들이 사라진다는 것이다.

3.4 안나, 능숙한 이야기 전개자로 역할

치료적 기능이 내재한 이야기를 작성, 구성하고 그 작동 방식에 대해 이해하는 것과 함께, 치료자가 치료 상황에서 얼마나 능숙하게 이야기를 전개하는지가 성공적인 치료를 위해서 매우 중요하다. 『테라피』에서 라렌츠에게 이야기를 전달하는 인물은 안나이다. 그의 조현병 치료제인 안나의 이야기는 담화자 안나의 능숙한 전달능력 없이는 그 기능을 다할 수 없다. 라렌츠의 조현병 치료 성패가 안나의 이야기하기 능력에 달려 있을 정도로 치료자의 이야기하기 기술은 중요하다. 이야기 치료는 치료자가 이야기 발화 상황을 고려한 그의 주도적인 치료로 이루어진다. 따라서 치료자는 치료 상황에 적절하게 대응하며 이야기를 다루고 전개해낼 수 있는 "민감성Sensibilität"과 "유연성Flexibilität"이 요구된다(Schneider 2009, 298f.).

10) Aus diesen Erfahrungen, daß die hysterischen Phänomene bei dieser Kranken verschwanden, sobald in der Hypnose das Ereignis reproduziert war, welches das Symptom veranlaßt hatte—daraus entwickelte sich eine therapeutisch-technische Prozedur, die an logischer Konsequenz und systematischer Durchführung nichts zu wünschen ließ. [...] War dieses erzählt, so war das Symptom damit für immer behoben(Breuer /Freud 2011, 55).

물론 소설 『테라피』에서 안나는 인간이라고 여길 수 없게 형상화되었다. 시종일관 음산하고 의문스러운 영적 존재로 특징되기 때문이다. 그러나 안나가 라렌츠를 대하고 말하는 방식과 태도는 사람의 모습과 다를 바 없다. 자신을 의심하는 라렌츠에게 화를 내며 이야기가 적힌 종이를 불에 던져버리는 모습(198), 안나가 요제피네에 관한 이야기를 라렌츠의 당시 심정에 맞춰서 알려주는 행위(278), 그리고 흐느껴 우는 라렌츠에게 눈물을 닦고 마음을 추스르고 이야기를 계속 읽어나가 '이야기로 치료받으라고 독려'하는 태도(294) 등 안나는 라렌츠의 상황과 태도에 맞춰 '사람처럼' 민감하고 유연하게 치료 행위와 이야기 내용을 조절해낸다.

3.5 이야기, 치료 공간으로 기능

소설 『테라피』의 서사 공간은 라렌츠의 조현병에 대한 치료 방식에 따라 두 부분으로 나뉜다. 하나는 베를린 베딩 지역에 위치한 한 정신병원에서 이루어지는 약물치료이고 다른 하나는 병적 환상세계 파르쿰 섬에서 펼쳐진 이야기 치료이다. 물론 이것은 작품이 현대심리치료의 실제보다는 문학적 허용으로써의 비현실성을 전제하기에 가능하다. 그럼에도 치료 방법에 따른 서사 공간의 분리가 소설의 비현실성에 기반 한 유희추구에 머물지 않는다. 베를린을 중심으로 한 라렌츠의 현실세계, 즉 치료 진전이 없는 4년 동안의 병원 입원실 생활은 그에게 이야기 공간이 마련되지 않았고 그의 이야기 작동이 저지된 장소라는 점에서 이 소설의 공간적 분리는 치료의 진전 유무에 따른 분리를 내재한다.

다중 환각 증세Multiple Wahnvorstellungen 치료에 대한 무성과와 걸림돌을 의미하는 약물치료와 현실세계로부터 라렌츠를 분리시킨 '이야기의 등장'은 그가 병적 환상세계를 극복하도록 도운 "최초의 빛이 된 순간erst lichter Moment"이다(300). 작품에서 요제피네의 실종 '사건'이 일어난 가시적 현실적 공간은 치료와 변화를 저지시킨 '고정의 장소'로 머문 반면 '이야기'가 발생한 가상적 비현실적 공간은 라렌츠 내면의 의지와 진실 추구를 작동시켜서 현실 변화를 이룬 '유동의 장소'가 되었다. 『테라피』에서 치료 방법과 치료 성과의 유무에 따른 서사 공간의 분리는 사실적 현실공간에 대항한 이야기 공간의 배치라는 의미를 지닌다.

4. 결론

한 중증 조현병 질환자의 삶을 그린 영화 뷰티풀 마인드A Beautiful

Mind(2002)[11])에서 주인공 존 내쉬John Nash는 조현병으로 지독한 환시, 환청에 시달린다. 영화가 끝날 때까지 내쉬 박사를 괴롭힌 조현병 증상은 그에게만 보이는 한 남성이 줄곧 나타나 말을 거는 환각이다. 그가 겪는 고통은 컸지만 내쉬 옆에는 언제나 그의 아내 알리시아 내쉬Alicia Nash가 함께한다. 끊임없이 등장하는 남편의 환각에 그녀 또한 사랑과 지지가 담긴 '끊임없이 이야기하기'로 맞선다. 그리고 마침내 아내의 도움으로 내쉬는 점차 조현병을 극복해간다.

불행히도 라렌츠 옆에는 알리시아 내쉬 같은 협력적 이야기 동반자가 없다. 이 소설 에필로그에서 라렌츠의 주치의 로트는, 그가 알려준 요제피네 실종의 전말대로 모나코의 한 해변가에서 호사로운 시간을 보내는 이사벨을 경찰과 함께 찾아간다. 그녀는 맨해튼에서 일을 하고 있지 않았다. 그녀는 4년 전 라렌츠가 하마터면 익사시킬 뻔한 요제피네를 기절상태에서 발견하여 남편 몰래 빼돌렸다. 아내 이사벨은 남편 라렌츠의 조현병 문제에 개입하지 않았고 오히려 그의 병을 악용했고 남편의 재산을 갈취했다. 이사벨은 사랑과 격려를 동반한 이야기하기는커녕 남편에게 이야기의 단절과 부재로 일관했다.

이사벨이 왜 이렇게까지 사악한지에 대한 이유는 『테라피』에 나와 있지 않다. 그래서 남편 아합 왕을 위해 나봇의 포도밭Nabots

---

11) 아담 스미스의 경제학 이론을 뒤집는 내시균형이론으로 노벨경제학상(1994)을 수상한 존 내쉬와 그의 아내 알리시아 내쉬의 역경과 성공을 그린 영화.

Weinberg을 빼앗고 포도밭 주인까지도 살해하여 악녀의 대명사가 된 이사벨이 우선 떠오른다(1. Könige 21). 아합 왕과 이사벨 사이의 이야기로 인한 악한 열매가 나봇의 포도밭 사건이라면 『테라피』의 이사벨 라렌츠는 남편과 공범이 아닌 적대자가 되어 이야기의 단절을 의도한다. 이들 이사벨을 중심으로 한, 두 사건의 차이는 조현병과 이야기의 유무에도 있다.

이야기에 대한 주목할 만한 정의는 바르트R. Barthes로부터도 나왔다. 그는 이야기가 세상에 셀 수 없이 다양한 방식으로 존재한다고 보았다. 바르트의 이야기 정의에 근거하면 문학, 예술, 매체, 일상 등에 이르는 편만한 이야기는 세계에 실재하는 총체의 각 개별성을 만들어내는 특권을 행사함으로써 세계 내에서의 편만함을 이룬다고 해석할 수 있다. 따라서 행사된 이야기는 그 자체로 정신과 물질의 실재성을 이루는 역할을 한다(Vgl. Barthes 1975, 237-238).

철학적 사유를 지나 치료적 적용 차원에서 보면 이야기는 이미 치료 도구로 활용되어 그 효과를 입증해왔다. 이야기를 도구하여 치료 효과를 이루어냄으로써 조현병을 비롯한 정신질환자들의 실질적 변화를 제시하는 수많은 연구와 상담 사례가 프로이트 이후로 오늘날까지 정신분석 치료, 인지심리 치료, 이야기 치료 등에서 보고되고 있다.

이러한 맥락에서 이 글 또한 소설 『테라피』를 사례로 들어서 라렌츠와 안나 사이의 이야기를 치료적 관점에서 확인하였다. 소설 『테라피』에서 이야기는 그 내재적 특징으로 인하여 무의식세계를 정신분석적으로 탐색하는 기능, 문제와 마주하도록 돕는 거울기능, 격정적 감정 분출을 발생시킴으로써 회복으로의 새로운 삶의 이야기를 추동하는 기능을 한다는 것을 문학 상징적으로 확인할 수 있었다. 앞으로도 이야기의 치료적 기능과 효과에 관한 문헌중심연구와 함께 서사학 Narratologie에 기반 하여 내담자 이야기에 접근하고 이를 다루는 사례중심연구도 왕성하게 이루어져야 할 것이다.

참고문헌

○ 1차 문헌

피첵, 세바스티안(2007): 테라피(권혁준 역). 해냄.

Fitzek, Sebastian(2006): Die Therapie. München.

○ 2차 문헌

도기숙(2010): 뷔히너와 정신병리학 담론 -『렌츠』에 나타난 정신질환 증세를 중심으로. 뷔히너와 현대문학 35, 107-127.

대한조현병학회(2013): 조현병, 마음의 줄을 고르다. 군자출판사.

박정혜, 김춘경(2011): 심상 시치료가 만성정신분열증 환자의 증상완화에 미치는 효과. 대한문학치료연구 2(1), 59-83.

반힐, 존 W.(2016): DSM-5 임상사례집(강진령 역). 학지사.

변학수, 채연숙, 김춘경(2008): 불안장애와 문학치료. 뷔히너와 현대문학 30, 327-352.

보건복지부(2017): 2016년도 정신질환실태 역학조사.

이민용(2009): 인문치료와 이야기치료 -『천일야화』를 중심으로. 뷔히너와 현대문학 32, 259-284.

이민용(2010): 이야기 해석학과 이야기 치료. 헤세연구 23, 249-273.

Könige(1992). in: Die Bibel—Altes und Neues Testament mit Bildern aus dem Heiligen Land von Jörg Zink. Augsburg.

Barthes, Ronland(1975): An Introduction to the Structural Analysis Narrative. New Literary History 6(2), 237-272.

Boothe, Brigitte(2006): Narrative Intelligenz und Konfliktdynamik. in: Vera Luif, Gisela Thoma, Brigitte Boothe(Hrsg.): Beschreiben - Erschließen - Erläutern, Psychotherapieforschung als qualitative Wissenschaft. Lengerich, 17-38.

Breuer, Josef/Freud, Sigmund(2011): Studien über Hysterie. Frankfurt am Main.

Brinker, Klaus(2001): Linguistische Textanalyse, Eine Einführung in Grundbegriffe und Methoden. Ludwigsfelde.

Gülich, Elisabeth/Hausendorf, Heiko(2000): Vertextungsmuster Narration. in: Klaus Brinker(Hrsg.): Text- und Gesprächslinguistik 1. Halbband. Berlin, 369-385.

Jesch, Tatjana u. a.(2006): Patientenerzählungen wie Literatur verstehen, Vom Nutzen der Narratologie für die psychodiagnostische Hermeneutik. in: Vera Luif, Gisela Thoma, Brigitte Boothe(Hrsg.): Beschreiben - Erschließen - Erläutern, Psychotherapieforschung als qualitative Wissenschaft. Lengerich, 39-65.

Klosinski, Gunther(1996): Bibliotherapeutische Traumarbeit nach akuter

psychotischer Dekompensation. Praxis der Kinderpsychologie und

Kinderpsychiater 45, 174-178.

Sartory, Gudrun(2007): Schizophrenie –Empirische Befunde und

Behandlungsansätze. München.

Schneider, Birgit(2009): Narrative Kunsttherapie Identitätsarbeit durch

Bild-Geschichten, Ein neuer Weg in der Psychotherapie. Bielefeld.

○ 인터넷 검색 문헌

http://www.bptk.de/ 독일연방심리치료사협회(검색일자: 2017년 3월 20일)

http://www.yonhapnews.co.kr/ 연합뉴스 '망상과 환각 부르는 조현병 환자,

4년 새 10.6% 증가'(보도일자: 2015년 8월 30일)

학습자 스토리텔링 활동

제4장 한 조현병 환자에게 딸이 사라졌다.

-그 이후 그에게 불쑥 찾아온 '안나', 그녀와 시작된 이야기 게임-

1. 글 요약하기

(이 글에서 가장 인상적인 내용부터 시작하여 요약해보자.

모둠별로 활동을 진행해도 좋다.)

2. 개인별 또는 모둠별로 '이야기의 치유적 기능'을 담아 한 편의 작품을 스토리텔링하자. (기승전결 구성 / 주제의 일관성 / 인물, 사건, 배경 설정 / 문학적 표현력, 제목 설정 등)